René Guénon

El Rey del Mundo

OmniaVeritas

René Guénon
(1886-1951)

El Rey del Mundo
1927

Título original: *"Le roi du monde"*
Primera publicación en 1927 - Paris, Ch. Bosse

Publicado por
Omnia Veritas Ltd

www.omnia-veritas.com

CAPÍTULO I 7
Nociones sobre el "Agarttha" en Occidente 7

CAPÍTULO II 14
Realeza y pontificado 14

CAPÍTULO III 25
La "Shekinah" y "Metatron" 25

CAPÍTULO IV 37
Las tres funciones supremas 37

CAPÍTULO V 49
El simbolismo del Grial 49

CAPÍTULO VI 59
"Melki-Tsedeq" 59

CAPÍTULO VII 75
"Luz" o la morada de la inmortalidad 75

CAPÍTULO VIII 86
El centro supremo oculto durante el "Kali-Yuga" 86

CAPÍTULO IX 93
El "Omphalos" y los bétulos 93

CAPÍTULO X 106
Nombres y representaciones simbólicas de los centros espirituales 106

CAPÍTULO XI 113
Localización de los centros espirituales 113

CAPÍTULO XII 122
Algunas conclusiones 122

René Guénon

CAPÍTULO I

NOCIONES SOBRE EL "AGARTTHA" EN OCCIDENTE

La obra póstuma de Saint-Yves d´Alveydre titulada *Mission de l´Inde*, que fue publicada en 1910[1], contiene la descripción de un centro iniciático misterioso designado bajo el nombre de *Agarttha*; por lo demás, muchos lectores de este libro debieron suponer que eso no era más que un relato puramente imaginario, una suerte de ficción que no reposaba sobre nada real. En efecto, si se quiere tomar todo al pie de la letra, hay en eso inverosimilitudes que, al menos para aquellos que se atienen a las apariencias exteriores, podrían justificar una tal apreciación; y sin duda Saint-Yves había tenido buenas razones para no hacer aparecer él mismo esta obra, escrita desde hacía bastante tiempo, y que verdaderamente no estaba puesta a punto. Por otra parte, hasta entonces, en Europa no se había hecho apenas mención del *Agarttha* y de su jefe, el

---

[1] 2ª edición, 1949.

Brahmâtmâ, más que por un escritor muy poco serio, Louis Jacolliot[2], cuya autoridad no es posible invocar; por nuestra parte, pensamos que éste había oído hablar realmente de estas cosas en el curso de su estancia en la India, pero que después las ha arreglado, como todo lo demás, a su manera eminentemente fantasiosa. Pero, en 1924, se ha producido un hecho nuevo y un poco inesperado: el libro titulado *Bêtes, Hommes et Dieux*, en el que M. Ferdinand Ossendowski cuenta las peripecias de un viaje accidentado que hizo en 1920 y 1921 a través de Asia central, encierra, sobre todo en su última parte, relatos casi idénticos a los de Saint-Yves; y el ruido que se ha hecho alrededor de este libro proporciona, creemos, una ocasión favorable para romper finalmente el silencio sobre esa cuestión del *Agarttha*.

Naturalmente, espíritus escépticos o malévolos no han dejado de acusar a M. Ossendowski de haber plagiado pura y simplemente a Saint-Yves, y de revelar, en apoyo de esta alegación, todos los pasajes concordantes de ambas obras; hay efectivamente un buen número de ellos que presentan, hasta en los menores detalles, una similitud bastante sorprendente. Primero, hay lo que podría parecer más inverosímil en Saint-Yves mismo, queremos decir, la

---

[2] *Les Fils de Dieu*, pp. 236, 263-267, 272; *Le Spiritisme dans le Monde*, pp. 27-28.

afirmación de la existencia de un mundo subterráneo que extiende sus ramificaciones por todas partes, bajo los continentes e incluso bajo los océanos, y por el cual se establecen comunicaciones invisibles entre todas las regiones de la tierra; por lo demás, M. Ossendowski, que no toma en cuenta esta afirmación, declara incluso que no sabe qué pensar de ella, aunque la atribuye a diversos personajes que él mismo ha encontrado en el curso de su viaje. Hay también, sobre puntos más particulares, el pasaje donde el "Rey del Mundo" es representado ante la tumba de su predecesor, el pasaje donde se trata del origen de los Bohemios, que habrían vivido antaño en el *Agarttha*[3], como muchos otros todavía. Saint-Yves dice que hay momentos, durante la celebración subterránea de los "Misterios cósmicos", donde los viajeros que se encuentran en el desierto se detienen, donde los animales mismos permanecen silenciosos[4]; M. Ossendowski asegura que él mismo ha asistido a uno de esos momentos de recogimiento general. Hay sobre todo, como

---

[3] Debemos decir a este propósito que la existencia de pueblos "en tribulación", de los que los Bohemios son uno de los ejemplos más sobresalientes, es realmente algo muy misterioso y que requeriría ser examinado con atención.

[4] El Dr. Arturo Reghini nos ha hecho observar que esto podría tener alguna relación con el *timor panicus* de los antiguos; esta aproximación nos parece en efecto extremadamente verosímil.

coincidencia extraña, la historia de una isla, hoy día desaparecida, donde vivían hombres y animales extraordinarios: ahí, Saint-Yves cita el resumen del periplo de Jámbulo por Diodoro de Sicilia, mientras que M. Ossendowski habla del viaje de un antiguo budista del Nepal, y no obstante, sus descripciones se diferencian muy poco; si verdaderamente existen de esta historia dos versiones que provienen de fuentes tan alejadas la una de la otra, podría ser interesante recuperarlas y compararlas con cuidado.

Hemos tenido que señalar todas estas aproximaciones, pero tenemos que decir también que no nos convencen en modo alguno de la realidad del plagio; por lo demás, nuestra intención no es entrar aquí en una discusión que, en el fondo, no nos interesa más que mediocremente. Independientemente de los testimonios que M. Ossendowski nos ha indicado por él mismo, sabemos, por fuentes muy diferentes, que los relatos de este género son algo corriente en Mongolia y en toda el Asia central; y agregaremos a continuación que existe algo parecido en las tradiciones de casi todos los pueblos. Por otra parte, si M. Ossendowski hubiera copiado en parte la *Mission de l'Inde*, no vemos muy bien por qué habría omitido adrede algunos pasajes, ni por qué habría cambiado la forma de algunas palabras, escribiendo por ejemplo *Agharti* en lugar de *Agarttha*, lo que se explica al contrario muy bien si ha recibido de fuente mongola las informaciones que Saint-Yves había obtenido de fuente hindú (ya que sabemos que éste estuvo en relaciones con dos hindúes al menos)[5]; tampoco comprendemos por qué habría empleado, para designar al jefe de la jerarquía iniciática, el título de "Rey del Mundo", título que no figura en ninguna parte en Saint-Yves. Aunque se debieran admitir algunos plagios, por eso no sería menos cierto que M. Ossendowski dice a veces cosas que no tienen su equivalente en la *Mission de l'Inde*, y que son de las que ciertamente no ha podido inventar de ninguna manera, tanto más cuanto que, mucho más preocupado de política que de ideas y de doctrinas, e ignorante de todo lo que toca al esoterismo, ha sido manifiestamente incapaz de aprehender él mismo su alcance exacto. Tal es, por ejemplo, la historia de una "piedra negra" enviada antaño por el "Rey del Mundo" al *Daläi-Lama*, transportada

---

[5] Los adversarios de M. Ossendowski han querido explicar el mismo hecho pretendiendo que había tenido en sus manos una traducción rusa de la *Mission de l'Inde*, traducción cuya existencia es más que problemática, puesto que los herederos mismos de Saint-Yves la ignoran enteramente. — Se ha reprochado también a M. Ossendowski escribir *Om* mientras que Saint-Yves escribe *Aum*; ahora bien, si *Aum* es en efecto la representación del monosílabo sagrado descompuesto en sus elementos constitutivos, no obstante es *Om* el que es la transcripción correcta y el que corresponde a la pronunciación real, tal como existe tanto en la India como en el Tíbet y en Mongolia; este detalle es suficiente para permitir apreciar la competencia de algunos críticos.

después a Ourga, en Mongolia, y que desapareció hace cerca de cien años[6]; ahora bien, en numerosas tradiciones, las "piedras negras" desempeñan un papel importante, desde la que era el símbolo de Cybeles hasta la que está engastada en la *Kaabah* de la Meca[7]. He aquí otro ejemplo: el *Bogdo-Khan* o "Buddha vivo", que reside en Ourga, conserva, entre otras cosas preciosas, el anillo de Gengis-Khan, sobre el cual hay grabado un *swastika*, y una placa de cobre que lleva el sello del "Rey del Mundo"; parece que M. Ossendowski no haya podido ver más que el primero de esos dos objetos, pero le habría sido bastante difícil imaginar la existencia del segundo: ¿no habría debido venirle naturalmente al espíritu hablar aquí de una placa de oro?

---

[6] M. Ossendowski, que no sabe que se trata de un aerolito, busca explicar ciertos fenómenos, como la aparición de caracteres en su superficie, suponiendo que era una suerte de pizarra.

[7] Habría que hacer también una aproximación curiosa con el *lapsit exillis*, piedra caída del cielo y sobre la cual aparecían inscripciones igualmente en ciertas circunstancias, y que es identificada al Grial en la versión de Wolfram d'Eschenbach. Lo que hace a la cosa todavía más singular, es que, según esa misma versión, el Grial fue finalmente transportado al "Reino del Prestejuan", que algunos han querido asimilar precisamente a Mongolia, aunque, por lo demás, ninguna localización geográfica pueda ser aceptada aquí literalmente (ver *El esoterismo de Dante*, ed. francesa de 1957, pp. 35-36, y ver también más adelante).

Estas pocas observaciones preliminares son suficientes para lo que nos proponemos, ya que permanecemos absolutamente ajenos a toda polémica y a toda cuestión de personas; si citamos a M. Ossendowski e incluso a Saint-Yves, es únicamente porque lo que han dicho puede servir de punto de partida a consideraciones que no tienen nada que ver con lo que se podría pensar del uno y del otro, y cuyo alcance rebasa singularmente sus individualidades, tanto como a la nuestra, que, en este dominio, no debe contar tampoco. No queremos librarnos, a propósito de sus respectivas obras, a una "crítica de textos" más o menos vana, sino aportar indicaciones que todavía no han sido dadas en ninguna parte, a nuestro conocimiento al menos, y que son susceptibles de ayudar en una cierta medida a elucidar lo que M. Ossendowski llama el "misterio de los misterios"[8].

---

[8] Hemos sido muy sorprendidos al enterarnos recientemente de que algunos pretendían hacer pasar el presente libro por un "testimonio" en favor de un personaje cuya existencia misma nos era totalmente desconocida en la época en que lo hemos escrito; oponemos el más formal desmentido a toda aserción de ese género, de cualquier lado que pueda venir, ya que para nos se trata exclusivamente de una exposición de datos pertenecientes al simbolismo tradicional y que no tienen absolutamente nada que ver con "personificaciones" cualesquiera.

CAPÍTULO II

REALEZA Y PONTIFICADO

El título de "Rey del Mundo", tomado en su acepción más elevada, la más completa y al mismo tiempo la más rigurosa, se aplica propiamente a *Manu*, el Legislador primordial y universal, cuyo nombre se encuentra, bajo formas diversas, en un gran número de pueblos antiguos; a este respecto, recordaremos solo el *Mina* o *Ménès* de los egipcios, el *Menw* de los celtas y el *Minos* de los griegos[9]. Por lo demás, este nombre no designa de ningún modo a un personaje histórico o más o menos legendario; lo que designa en realidad, es un principio, la Inteligencia cósmica que refleja la Luz espiritual pura y formula la Ley (*Dharma*) propia a las condiciones de nuestro mundo o de nuestro ciclo de existencia; y es al mismo tiempo el

---

[9] En los Griegos, *Minos* era a la vez el Legislador de los vivos y el Juez de los muertos; en la tradición hindú, estas dos funciones pertenecen respectivamente a *Manu* y a *Yama*, pero éstos son representados como hermanos gemelos, lo que indica que se trata del desdoblamiento de un principio único, considerado bajo dos aspectos diferentes.

arquetipo del hombre considerado especialmente en tanto que ser pensante (en sánscrito *mânava*).

Por otra parte, lo que importa esencialmente destacar aquí, es que este principio puede ser manifestado por un centro espiritual establecido en el mundo terrestre, por una organización encargada de conservar integralmente el depósito de la tradición sagrada, de origen "no-humano" (*apaurushêya*), por la que la Sabiduría primordial se comunica a través de las edades a aquellos que son capaces de recibirla. El jefe de una tal organización, que representa en cierto modo a *Manu* mismo, podrá legítimamente llevar su título y sus atributos; e incluso, por el grado de conocimiento que debe haber alcanzado para poder ejercer su función, se identifica realmente al principio del que es como la expresión humana, y ante el cual su individualidad desaparece. Tal es efectivamente el caso del *Agarttha*, si ese centro ha recogido, como lo indica Saint-Yves, la herencia de la antigua "dinastía solar" (*Sûrya-vansha*) que residía antaño en Ayodhyâ[10], y que hacía remontar su origen a *Vaivaswata*, el *Manu* del ciclo actual.

---

[10] Esta sede de la "dinastía solar", si se la considera simbólicamente, puede ser aproximada a la "Ciudadela solar" de los Rosa-Cruz, y sin duda también a la "Ciudad del Sol" de Campanella.

Saint-Yves, como ya lo hemos dicho, no considera no obstante al jefe supremo del *Agarttha* como "Rey del Mundo"; le presenta como "Soberano Pontífice", y, además, le pone a la cabeza de una "Iglesia brâhmanica", designación que procede de una concepción demasiado occidentalizada[11]. Aparte de esta última reserva, lo que dice Saint-Yves completa, a este respecto, lo que dice por su lado M. Ossendowski; parece que cada uno de ellos no haya visto más que el aspecto que respondía más directamente a sus tendencias y a sus preocupaciones dominantes, ya que, en verdad, aquí se trata de un doble poder, a la vez sacerdotal y real. El carácter "pontifical", en el sentido verdadero de esta palabra, pertenece realmente, y por excelencia, al jefe de la jerarquía iniciática, y esto hace llamada a una explicación: literalmente, el *Pontifex* es un "constructor de puentes", y este título romano es en cierto modo, por su origen, un título "masónico"; pero, simbólicamente, es el que desempeña la función de mediador, estableciendo la comunicación entre este mundo y los mundos

---

[11] De hecho, esa denominación de "Iglesia brâhmanica" no ha sido empleada nunca en la India, más que por la secta heterodoxa y completamente moderna del *Brahma-Samâj*, nacida a comienzos del siglo XIX bajo influencias europeas y especialmente protestantes, dividida pronto en múltiples ramas rivales, y hoy día casi completamente extinguida; es curioso notar que uno de los fundadores de esa secta fue el abuelo del poeta Rabindranath Tagore.

superiores[12]. A este título, el arcoiris, el "puente celeste", es un símbolo natural del "pontificado"; y todas las tradiciones le dan significaciones perfectamente concordantes: así, en los Hebreos, es la prenda de la alianza de Dios con su pueblo; en China, es el signo de la unión del Cielo y de la Tierra; en Grecia, representaba a *Iris*, la "mensajera de los Dioses"; un poco por todas partes, en los Escandinavos tanto como en los Persas y los Árabes, en Africa central y hasta en algunos pueblos de América del Norte, es el puente que liga el mundo sensible al suprasensible.

Por otra parte, la unión de los dos poderes sacerdotal y real estaba representada, en los Latinos, por un cierto aspecto del simbolismo de *Janus*, simbolismo extremadamente complejo y de significaciones múltiples; bajo la misma relación, las llaves de oro y plata figuraban las dos iniciaciones correspondientes[13]. Para emplear la

---

[12] San Bernardo dice que "el Pontífice, como lo indica la etimología de su nombre, es una suerte de puente entre Dios y el hombre" (*Tractatus de Moribus et Officio episcoporum*, III, 9). — Hay en la India un término que es propio de los *Jainas*, y que es el estricto equivalente del *Pontifex* latino: es la palabra *Tîrthankara*, literalmente, "el que hace un vado o un paso"; el paso de que se trata, es el camino de la Liberación (*Moksha*). Los *Tîrthankaras* son en número de veinticuatro, como los ancianos del Apocalipsis, que, por lo demás, constituyen también un Colegio pontifical.

[13] Desde otro punto de vista, estas llaves son respectivamente la de los "Misterios mayores" y la de los "Misterios menores" — En algunas

terminología hindú, se trata de la vía de los *Brâhmanes* y la de los *Kshatriyas*; pero en la cima de la jerarquía, uno está en el principio común de donde los unos y los otros sacan sus atribuciones respectivas, y por consiguiente más allá de su distinción, puesto que ahí está la fuente de toda autoridad legítima, en cualquier dominio en que se ejerza; y los iniciados del *Agarttha* son *ativarna*, es decir, "más allá de las castas"[14].

En la edad media había una expresión en la que los dos aspectos complementarios de la autoridad se encontraban reunidos de una manera que es muy digna de observación: en aquella época, se hablaba frecuentemente de una región misteriosa a la que se llamaba el "Reino del Prestejuan"[15].

---

representaciones de *Janus*, los dos poderes son simbolizados también por una llave y un cetro.

[14] Haremos observar a este propósito que la organización social de la edad media occidental parece haber estado calcada, en principio, sobre la institución de las castas: el clero correspondía a los *Brâhmanes*, la nobleza a los *Kshatriyas*, el tercer estado a los *Vaishyas*, y los siervos a los *Shûdras*.

[15] Concretamente, se trata del "Prestejuan", hacia la época de San Luis, en los viajes de Carpin y de Rubruquis. Lo que complica las cosas, es que, según algunos, habría habido hasta cuatro personajes llevando este título: en el Tíbet (o sobre el Pamir), en Mongolia, en la India, y en Etiopía (esta última palabra tiene por otra parte un sentido muy vago); pero es probable que en eso no se trate más que de diferentes representantes de un mismo poder. Se dice también que Gengis-Khan quiso atacar al reino del Prestejuan, pero que éste le repelió desencadenando el rayo contra sus ejercitos. En fin, después de la época de las invasiones musulmanas, el Prestejuan habría

Era el tiempo donde lo que se podría designar como la "cobertura exterior" del centro en cuestión se encontraba formada, en una buena parte, por los Nestorianos (o lo que se ha convenido llamar así con razón o sin ella) y los Sabeos[16]; y, precisamente, estos últimos se daban a sí mismos el nombre de *Mendayyeh de Yahia*, es decir, "discípulos de Juan". A este propósito, podemos hacer a continuación otra precisión: es al menos curioso que muchos grupos orientales de un carácter muy cerrado, desde los Ismaelitas o discípulos del "Viejo de la Montaña" hasta los Drusos del Líbano, hayan tomado uniformemente, lo mismo que las Órdenes de caballería occidentales, el título de "guardianes de la Tierra Santa". Ciertamente, la continuación hará comprender mejor sin duda lo que eso puede significar; parece que Saint-Yves haya encontrado una palabra justa, quizás más todavía de

---

dejado de manifestarse, y sería representado exteriormente por el *Dalai-Lama*.

[16] Se han encontrado en el Asia central, y particularmente en la región del Turkestan, cruces nestorianas que son exactamente semejantes como forma a las cruces de caballería, y de las que, algunas, además, llevan en su centro la figura del *swastika*. — Por otra parte, hay que indicar que los Nestorianos, cuyas relaciones con el Lamaísmo parecen incontestables, tuvieron una acción importante, aunque bastante enigmática, en los comienzos del Islam. Los Sabeos, por su lado, ejercieron una gran influencia sobre el mundo árabe en tiempos de los Khalifas de Baghdad; se pretende también que es entre ellos donde se habrían refugiado, después de una estancia en Persia, los últimos neoplatónicos.

lo que él mismo pensaba, cuando habla de los "Templarios del *Agarttha*". Para que nadie se sorprenda de la expresión de "cobertura exterior" que acabamos de emplear, agregaremos que es menester tener cuidado con el hecho de que la iniciación caballeresca era esencialmente una iniciación de *Kshatriyas*; esto es lo que explica, entre otras cosas, el papel preponderante que desempeña en ella el simbolismo del Amor[17].

Sea como sea en estas últimas consideraciones, la idea de un personaje que es sacerdote y rey todo junto no es muy corriente en Occidente, aunque se encuentra, en el origen mismo del Cristianismo, representada de una manera destacable por los "Reyes Magos"; incluso en la edad media, el poder supremo (según las apariencias exteriores al menos) estaba dividido entre el Papado y el Imperio[18]. Una tal separación puede ser considerada como la marca de una organización incompleta por arriba, si uno puede expresarse así, puesto que no se ve aparecer en ella el principio común del que proceden y dependen regularmente los dos poderes; así pues, el verdadero poder

---

[17] Ya hemos señalado esta particularidad en nuestro estudio sobre *El Esoterismo de Dante*.

[18] En la antigua Roma, por el contrario, el *Imperator* era al mismo tiempo *Pontifex Maximus*. — La teoría musulmana del Khalifato une también los dos poderes, al menos en una cierta medida, así como la concepción extremo oriental del *Wang* (ver *La Gran Triada*, cap. XVII).

supremo debía encontrarse en otra parte. En Oriente, el mantenimiento de una tal separación en la cima misma de la jerarquía es, al contrario, bastante excepcional, y no es apenas más que en algunas concepciones búdicas donde se encuentra algo de este género; queremos hacer alusión a la incompatibilidad afirmada entre la función de *Buddha* y la de *Chakravartî* o "monarca universal"[19], cuando se dice que Shâkya-Muni, en un cierto momento, tuvo que escoger entre la una y la otra.

Conviene agregar que el término *Chakravartî*, que no tiene nada de especialmente búdico, se aplica muy bien, según los datos de la tradición hindú, a la función del *Manu* o de sus representantes: literalmente, es "el que hace girar la rueda", es decir, el que, colocado en el centro de todas las cosas, dirige su movimiento sin participar él mismo en él, o que, según la expresión de Aristóteles, es su "motor inmóvil"[20].

Llamamos muy particularmente la atención sobre esto: el centro de que se trata es el punto fijo que todas las

---

[19] Hemos anotado en otra parte la analogía que existe entre la concepción del *Chakravartî* y la idea del Imperio en Dante, de quien conviene mencionar aquí, a este respecto, el tratado *De Monarchia*.

[20] En un sentido enteramente comparable, la tradición china emplea la expresión de "Invariable Medio". — Hay que destacar que, según el simbolismo masónico, los Maestros se reúnen en la "Habitación del Medio".

tradiciones están de acuerdo en designar simbólicamente como el "Polo", puesto que es alrededor de él donde se efectúa la rotación del mundo, representado generalmente por la rueda, tanto en los Celtas como en los Caldeos y en los Hindúes[21]. Tal es la verdadera significación del *swastika*, este signo que se encuentra difundido por todas partes, desde el Extremo Oriente hasta el Extremo Occidente[22], y que es esencialmente el "signo del Polo"; sin duda es aquí la primera vez, en la Europa moderna, que se hace conocer su sentido real. En efecto, los sabios contemporáneos han buscado vanamente explicar este

---

[21] El símbolo céltico de la rueda se ha conservado en la edad media; se pueden encontrar numerosos ejemplos de él sobre las iglesias románicas, y el rosetón gótico mismo parece ser un derivado suyo, ya que hay una relación cierta entre la rueda y las flores emblemáticas tales como la rosa en Occidente y el loto en Oriente.

[22] Este mismo signo no ha sido extraño al hermetismo Cristiano: hemos visto, en el antiguo monasterio de los Carmelitas de Loudun, símbolos muy curiosos, que datan verosímilmente de la segunda mitad del siglo XV, y entre los cuales el *swastika* ocupa, con el signo ⋈ del que hablaremos más adelante, uno de los lugares más importantes. Es bueno anotar, en esta ocasión, que los Carmelitas, que han venido de Oriente, vinculan la fundación de su Orden a Elías y a Pitágoras (como la Masonería, por su lado, se vincula a la vez a Salomón y al mismo Pitágoras, lo que constituye una similitud bastante destacable), y también que, por otra parte, algunos pretenden que en la edad media tenían una iniciación muy vecina de la de los Templarios, así como los religiosos de la Merced; se sabe que esta última Orden ha dado su nombre a un grado de la Masonería escocesa, del cual hemos hablado bastante largamente en *El Esoterismo de Dante*.

símbolo mediante las teorías más fantasiosas; la mayoría de entre ellos, obsesionados por una suerte de idea fija, han querido ver en él, como casi por todas partes, un signo exclusivamente "solar"[23], mientras que, si lo ha devenido a veces, no ha podido ser más que accidentalmente y de un manera desviada. Otros han estado más cerca de la verdad al considerar al *swastika* como el símbolo del movimiento; pero esta interpretación, sin ser falsa, es muy insuficiente, ya que no se trata de un movimiento cualquiera, sino de un movimiento de rotación que se cumple alrededor de un centro o de un eje inmutable; y es el punto fijo el que es, lo repetimos, el elemento esencial al que se refiere directamente el símbolo en cuestión[24].

Por lo que acabamos de decir, ya se puede comprender que el "Rey del Mundo" debe tener una función esencialmente ordenadora y reguladora (y se observará que no carece de fundamento que esta última palabra tenga la misma raíz que *rex* y *regere*), función que puede resumirse en una palabra como la de "equilibrio" o de

---

[23] La misma precisión se aplica concretamente a la rueda, cuya verdadera significación acabamos de indicar igualmente.

[24] No citaremos más que de memoria la opinión, todavía más fantasiosa que todas las demás, que hace del *swastika* el esquema de un instrumento primitivo destinado a la producción del fuego; ahora bien, si este símbolo tiene a veces una cierta relación con el fuego, puesto que es concretamente un emblema de *Agni*, es por razones completamente diferentes.

"armonía", lo que traduce precisamente en sánscrito el término *Dharma*[25]: Lo que entendemos por eso, es el reflejo, en el mundo manifestado, de la inmutabilidad del Principio supremo. Se puede comprender también, por las mismas consideraciones, por qué el "Rey del Mundo" tiene como atributos fundamentales la "Justicia" y la "Paz", que no son más que las formas revestidas más especialmente por ese equilibrio y esa armonía en el "mundo del hombre" (*mânava-loka*)[26]. Ese es también un punto de la mayor importancia; y, además de su alcance general, se lo señalamos a aquellos que se dejan llevar de ciertos temores quiméricos, de los que el libro mismo de M. Ossendowski contiene como un eco en sus últimas líneas.

---

[25] La raíz *dhri* expresa esencialmente la idea de estabilidad; la forma *dhru*, que tiene el mismo sentido, es la raíz de *Dhruva*, nombre sánscrito del Polo, y algunos le aproximan el nombre griego del roble, *drus*; en latín, por lo demás, la misma palabra *robur* significa a la vez roble y fuerza o firmeza. En los Druidas (cuyo nombre debe leerse quizás *dru-vid*, uniendo de este modo la fuerza y la sabiduría), así como en Dodona, el roble representaba el "Árbol del Mundo", símbolo del eje fijo que une los polos.

[26] Es menester recordar aquí los textos bíblicos en los que la Justicia y la Paz se encuentran estrechamente vinculadas: "Justitia et Pax osculatae sunt" (Salmos LXXXIV, 11), "Pax opus Justitiae", etc.

CAPÍTULO III

LA "SHEKINAH" Y "METATRON"

Algunos espíritus temerosos, y cuya comprensión se encuentra extrañamente limitada por ideas preconcebidas, se han asustado por la designación misma del "Rey del Mundo", que han relacionado inmediatamente con la de *Princeps hujus mundi* que se menciona en el Evangelio. No hay que decir que una tal asimilación es completamente errónea y desprovista de todo fundamento; para descartarla, podríamos limitarnos a hacer observar simplemente que este título de "Rey del Mundo", en hebreo y en árabe, se aplica corrientemente a Dios mismo[27]. No obstante, como eso puede dar la ocasión a algunas observaciones interesantes, consideraremos a este propósito las teorías de la Kabbala hebraica concernientes a los "intermediarios celestes", teorías que, por lo demás,

---

[27] Por lo demás, hay una gran diferencia de sentido entre "el Mundo" y "este mundo", hasta tal punto que, en algunas lenguas, existen para designarlos dos términos enteramente distintos: así, en árabe, "el Mundo" es *el-alâm*, mientras que "este mundo" es *ed-dunyâ*.

tienen una relación muy directa con el tema principal del presente estudio.

Los "intermediarios celestes" de que se trata son la *Shekinah* y *Metatron*; y diremos primero que, en el sentido más general, la *Shekinah* es la "presencia real" de la Divinidad. Es menester notar que los pasajes de la Escritura donde se hace mención de ella muy especialmente son sobre todo aquellos donde se trata de la institución de un centro espiritual: la construcción del Tabernáculo, la edificación de los Templos de Salomón y de Zorobabel. Un tal centro, constituido en condiciones regularmente definidas, debía ser en efecto el lugar de la manifestación divina, siempre representada como "Luz"; y es curioso destacar que la expresión de "lugar muy iluminado y muy regular", que la Masonería ha conservado, parece ser efectivamente un recuerdo de la antigua ciencia sacerdotal que presidía la construcción de los templos, y que, por lo demás, no era particular a los Judíos; volveremos sobre este tema más tarde. No vamos a entrar en el desarrollo de la teoría de las "influencias espirituales" (preferimos esta expresión a la palabra "bendiciones" para traducir el hebreo *berakoth*, tanto más cuanto que ese es el sentido que ha guardado muy claramente en árabe la palabra *barakah*); pero, incluso limitándose a considerar las cosas bajo este único punto de vista, sería posible explicarse la palabra de Elías Levita, que cuenta M. Vulliaud en su obra sobre *La Kabbale juive*: "Los Maestros de la Kabbala tienen sobre este punto grandes secretos".

La *Shekinah* se presenta bajo aspectos múltiples, entre los cuales hay dos principales, uno interno y el otro externo; ahora bien, por otra parte, hay en la tradición cristiana, una frase que designa tan claramente como es posible estos dos aspectos: "*Gloria* in excelsis Deo, et in terra *Pax* hominibus bonae voluntatis". Las palabras *Gloria* y *Pax* se refieren respectivamente al aspecto interno, en relación al Principio, y al aspecto externo en relación al mundo manifestado; y, si se consideran así estas palabras, se puede comprender inmediatamente por qué son pronunciadas por los Ángeles (*Malakim*) para anunciar el nacimiento de "Dios con nosotros" o "en nosotros" (*Emmanuel*). Se podría también, para el primer aspecto, recordar las teorías de los teólogos sobre la "luz de la gloria" en y por la cual se opera la visión beatífica (*in excelsis*); y, en cuanto al segundo, volvemos a encontrar aquí la "Paz", a la que hacíamos alusión hace un momento, y que, en su sentido esotérico, está indicada por todas partes como uno de los atributos fundamentales de los centros espirituales establecidos en este mundo (*in terra*). Por lo demás, el término árabe *Sakînah*, que es evidentemente idéntico al hebreo *Shekinah*, se traduce por "Gran Paz", lo que es el exacto equivalente de la *Pax*

Profunda de los Rosa-Cruz; y, por eso, se podría explicar sin duda lo que éstos entendían por el "Templo del Espíritu Santo", como se podrían interpretar también de una manera precisa los numerosos textos evangélicos en los que se habla de la "Paz"[28], tanto más cuanto que la "tradición secreta concerniente a la *Shekinah* tendría alguna relación con la Luz del Mesías". ¿Es sin intención que, cuando da esta última indicación[29], M. Vulliaud diga que se trata de la tradición "reservada a aquellos que prosiguen el camino que desemboca en el *Pardes*", es decir, como lo veremos más adelante, en el centro espiritual supremo?

Esto nos lleva todavía a otra precisión conexa: M. Vulliaud habla después de un "misterio relativo al Jubileo"[30], lo que se vincula en un sentido a la idea de "Paz", y, a este propósito, cita este texto del *Zohar* (III, 52 b): "El río que sale del Edén lleva el nombre de *Iobel*", así como el texto de Jeremías (XVII, 8): "Él extenderá sus raíces hacía el río", de donde resulta que "la idea central del Jubileo es la reposición de todas las cosas en su estado

---

[28] Por lo demás, en el Evangelio mismo se declara muy explícitamente que aquello de lo que se trata no es la paz en el sentido en que la entiende el mundo profano (*San Juan*, XIV, 27).

[29] *La Kabbale juive*, t. I, p. 503.

[30] *Ibid.*, t. I, pp. 506-507.

primitivo". Y está claro que se trata de ese retorno al "estado primordial" que consideran todas las tradiciones, y sobre el cual hemos tenido la ocasión de insistir un poco en nuestro estudio sobre *El Esoterismo de Dante*; y, cuando se agrega que "el retorno de todas las cosas a su primer estado marcará la era mesiánica", aquellos que han leído este estudio podrán acordarse de lo que decíamos allí sobre las relaciones del "Paraíso terrestre" y de la "Jerusalem celeste". Por lo demás, a decir verdad, aquello de lo que se trata en todo esto, es siempre, en fases diversas de la manifestación cíclica, el *Pardes*, el centro de este mundo, que el simbolismo tradicional de todos los pueblos compara al corazón, centro del ser y "residencia Divina" (*Brahma-pura* en la doctrina hindú), así como el Tabernáculo que es su imagen y que, por esta razón, es llamado en hebreo *mishkan* o "habitáculo de Dios", palabra cuya raíz es la misma que la de *Shekinah*.

Desde otro punto de vista, la *Shekinah* es la síntesis de los *Sephiroth*; ahora bien, en el árbol sephirótico, la "columna de la derecha" es el lado de la Misericordia, y la "columna de la izquierda" es el lado del Rigor[31]; así pues,

---

[31] Un simbolismo enteramente comparable es expresado por la figura medieval del "árbol de los vivos y de los muertos", que tiene además una relación muy clara con la idea de "posteridad espiritual"; es menester destacar que el árbol sephirótico es considerado también como identificándose al "Árbol de la Vida".

debemos reencontrar también estos dos aspectos en la *Shekinah*, y podemos precisar ya, para vincular esto a lo que precede, que, bajo una cierta relación al menos, el Rigor se identifica a la Justicia y la Misericordia a la Paz[32]. "Si el hombre peca y se aleja de la *Shekinah*, cae bajo el poder de las potencias (*Sârim*) que dependen del Rigor[33]", y entonces la *Shekinah* es llamada "mano de rigor", lo que recuerda inmediatamente el símbolo bien conocido de la "mano de la justicia"; pero, al contrario, "si el hombre se acerca a la *Shekinah*, se libera", y la *Shekinah* es la "la mano derecha" de Dios, es decir, que la mano de "justicia" deviene entonces la "mano que bendice"[34]. Éstos son los

---

[32] Según el *Talmud*, Dios tiene dos sedes, la de la Justicia y la de la Misericordia; estas dos sedes corresponden también al "Trono" y a la "Silla" de la tradición islámica. Por otra parte, esta misma tradición divide los hombres divinos *çifâtiyah*, es decir, aquellos que expresan atributos de *Allah* propiamente dichos, en "nombres de majestad" (*jalâliyah*) y "nombres de belleza" (*jamâliyah*), lo que responde también a una distinción del mismo orden.

[33] *La Kabbale juive*, tomo I, p. 507.

[34] Según San Agustín y diversos otros Padres de la Iglesia, la mano derecha representa de igual modo la Misericordia o la Bondad, mientras que la mano izquierda, en Dios sobre todo, es el símbolo de la Justicia. La "mano de justicia" es uno de los atributos ordinarios de la realeza; la "mano que bendice" es un signo de la autoridad sacerdotal, y ha sido tomada a veces como símbolo de Cristo — Esta figura de la "mano que bendice" se encuentra sobre algunas monedas celtas, lo mismo que el *swastika*, a veces de brazos curvados.

misterios de la "Casa de la Justicia" (*Beith-Din*), lo que es también otra designación del centro espiritual supremo[35]; y apenas hay necesidad de hacer observar que los dos lados que acabamos de considerar son aquellos en los que se reparten los elegidos y los condenados en las representaciones cristianas del "Juicio final". Se podría establecer igualmente una aproximación con las dos vías que los Pitagóricos figuraban por la letra Y, y que representaba bajo una forma exotérica el mito de Hércules entre la Virtud y el Vicio; con las dos puertas celeste e infernal que, en los Latinos, estaban asociadas al simbolismo de *Janus*; con las dos fases cíclicas ascendente y descendente[36] que, en los Hindúes, se vinculan igualmente al simbolismo de *Ganêsha*[37]. En fin, es fácil comprender por todo esto lo que quieren decir verdaderamente expresiones como las de "intención recta", que volveremos a encontrar después, y de "buena

---

[35] Este centro, o uno cualquiera de los que están constituidos a su imagen, puede ser descrito simbólicamente a la vez como un templo (aspecto sacerdotal, que corresponde a la Paz) y como un palacio o un tribunal (aspecto real, que corresponde a la Justicia).

[36] Se trata de las dos mitades del ciclo zodiacal, que se encuentra representado frecuentemente en el pórtico de las iglesias de la edad media con una disposición que le da manifiestamente la misma significación.

[37] Todos los símbolos que enumeramos aquí requerirían ser explicados largamente; lo haremos quizás algún día en otro estudio.

voluntad" ("Pax hominibus *bonae voluntatis*", y aquellos que tienen algún conocimiento de los diversos símbolos a los que acabamos de hacer alusión verán que no carece de fundamento que la fiesta de Navidad coincida con la época del solsticio de invierno), cuando se tiene cuidado de dejar a un lado todas las interpretaciones exteriores, filosóficas y morales, a las que han dado lugar desde los Estoicos hasta Kant.

"La Kabbala da a la *Shekinah* un paredro que lleva nombres idénticos a los suyos, que posee por consiguiente los mismos caracteres"[38], y que tiene naturalmente tantos aspectos diferentes como la *Shekinah* misma; su nombre es *Metatron*, y este nombre es numéricamente equivalente al de *Shaddai*[39], el "Todopoderoso" (que se dice que es el nombre del Dios de Abraham). La etimología de la palabra *Metatron* es muy incierta; entre las diversas hipótesis que se han emitido sobre este tema, una de las más interesantes es la que le hace derivar del caldeo *Mitra*, que significa "lluvia", y que tiene también, por su raíz, una cierta relación con la "luz". Por lo demás, si ello es así, sería menester no creer que la similitud con el *Mitra* hindú y zoroastriano constituye una razón suficiente para

---

[38] *La Kabbale juive*, tomo I, pp. 497-498.

[39] El número de cada uno de estos nombres, obtenido por la adición de los valores de las letras hebraicas de que están formados, es 314.

admitir que haya en eso una apropiación del Judaísmo de doctrinas extranjeras, ya que no es de esa manera completamente exterior como conviene considerar las relaciones que existen entre las diferentes tradiciones; y diremos otro tanto en lo que concierne al papel atribuido a la lluvia en casi todas las tradiciones, en tanto que símbolo del descenso de las "influencias espirituales" del Cielo sobre la Tierra. A este propósito, señalamos que la doctrina hebraica habla de un "rocío de luz" que emana del "Árbol de la Vida" y por el cual debe operarse la resurrección de los muertos, así como de una "efusión del rocío" que representa la influencia celeste comunicándose a todos los mundos, lo que recuerda singularmente el simbolismo alquímico y rosacruciano.

"El término *Metatron* conlleva todas las acepciones de guardián, de Señor, de enviado, de mediador"; es "el autor de las teofanías en el mundo sensible"[40]; es "Ángel de la Faz", y también "el Príncipe del Mundo" (*Sâr ha-ôlam*), y se puede ver por esta última designación que no estamos alejados de ninguna manera de nuestro tema. Para emplear el simbolismo tradicional que ya hemos explicado precedentemente, diremos de buena gana que, como el jefe de la jerarquía iniciática es el "Polo terrestre", *Metatron* es el "Polo celeste"; y éste tiene su reflejo en

---

[40] *La Kabbale juive*, tomo I, pp. 492 y 499.

aquél, con el que está en relación directa siguiendo el "Eje del Mundo". "Su nombre es *Mikaël*, el Sumo Sacerdote que es holocausto y oblación ante Dios. Y todo lo que hacen los Israelitas sobre la tierra se cumple según los tipos de lo que pasa en el mundo celeste. El Sumo Pontífice aquí abajo simboliza a *Mikaël*, príncipe de la Clemencia... En todos los pasajes en los que la Escritura habla de la aparición de *Mikaël*, se trata de la gloria de la *Shekinah*"[41]. Lo que se dice aquí de los Israelitas puede decirse igualmente de todos los pueblos poseedores de una tradición verdaderamente ortodoxa; así pues, con mayor razón debe decirse de los representantes de la tradición primordial de la que todas las otras derivan y a la que todas están subordinadas; y esto está en relación con el simbolismo de la "Tierra Santa", imagen del mundo celeste, al que ya hemos hecho alusión. Por otra parte, según lo que hemos dicho más atrás, *Metatron* no tiene solo el aspecto de la Clemencia, tiene también el de la Justicia; no es solo el "Sumo Sacerdote" (*Kohen ha-gâdol*), sino también el "Gran Príncipe" (*Sâr ha-gadol*) y el "jefe de las milicias celestes", es decir, que en él está el principio del poder real, así como el del poder sacerdotal o pontifical al que corresponde propiamente la función de "mediador". Por lo demás, es menester destacar que *Melek*, "rey", y *Maleak*, "ángel" o "enviado", no son en

---

[41] *La Kabbale juive*, tomo I, pp. 500 y 501.

realidad más que dos formas de una sola y misma palabra; además, *Malaki*, "mi enviado" (es decir, el enviado de Dios, o "el ángel en el que está Dios", *Maleak ha-Elohim*), es el anagrama de *Mikaël*[42].

Conviene agregar que, si *Mikaël* se identifica a *Metatron* como acabamos de verlo, no obstante no representa más que uno de sus aspectos; al lado de la faz luminosa, hay una faz obscura, y ésta es representada por *Samaël*, que es igualmente llamado *Sâr haôlam*; volvemos aquí al punto de partida de estas consideraciones. En efecto, es este último aspecto, y solo éste, el que es "el genio de este mundo" en un sentido inferior, el *Princeps hujus mundi* de que habla el Evangelio; y sus relaciones con *Metatron*, de quien es como la sombra, justifican el empleo de una misma designación en un doble sentido, al mismo tiempo que hacen comprender por qué el número apocalíptico 666, el "número de la Bestia", es también un

---

[42] Esta última precisión recuerda naturalmente estas palabras: "Benedictus qui venit in nomine Domini"; estas palabras se aplican a Cristo, que el *Pasteur* de Hermas asimila precisamente a *Mikaël* de una manera que puede parecer bastante extraña, pero que no debe sorprender a aquellos que comprenden la relación que existe entre el Mesías y la *Shekinah*. Cristo es llamado también "Príncipe de la Paz", y es al mismo tiempo el "Juez de los vivos y de los muertos".

número solar[43]. Por lo demás, según San Hipólito[44], "el Mesías y el Anticristo tienen los dos como emblema el León", que es también un símbolo solar; y podría hacerse la misma precisión para la serpiente[45] y para muchos otros símbolos. Desde el punto de vista kabbalístico, es también de las dos caras opuestas de *Metatron* de lo que se trata aquí; no vamos a extendernos sobre las teorías que, de una manera general, se podrían formular sobre este doble sentido de los símbolos, y solo diremos que la confusión entre el aspecto luminoso y el aspecto tenebroso, constituye propiamente el "satanismo"; y es precisamente esta confusión la que cometen, involuntariamente sin duda y por simple ignorancia (lo que es una excusa, pero no una justificación), aquellos que creen descubrir una significación infernal en la designación del "Rey del Mundo"[46].

---

[43] Este número está formado concretamente por el nombre de *Sorath*, demonio del Sol, y opuesto como tal al ángel *Mikaël*; más adelante veremos todavía otra significación de esto.

[44] Citado por M. Vulliaud, *La Kabbale juive*, t. II, p. 373.

[45] Los dos aspectos opuestos son figurados concretamente por las dos serpientes del caduceo; en la iconografía cristiana, están reunidos en el "anfisbeno", la serpiente de dos cabezas, de las que una representa a Cristo y la otra a Satán.

[46] Señalaremos también que el "Globo del Mundo", insignia del poder imperial o de la monarquía universal, se encuentra colocado frecuentemente

CAPÍTULO IV

LAS TRES FUNCIONES SUPREMAS

Según Saint-Yves, el jefe supremo del *Agarttha* lleva el título de *Brahâtmâ* (sería más correcto escribir *Brahmâtmâ*) "soporte de las almas en el Espíritu de Dios"; sus dos asesores son el *Mahâtmâ*, "que representa al Alma universal", y el *Mahânga* "símbolo de toda la organización material del Cosmos"[47]: es la división jerárquica que las doctrinas occidentales representan por el ternario "espíritu, alma, cuerpo", y que se aplica aquí según la analogía constitutiva del Macrocosmo y del Microcosmo. Importa precisar que estos términos, en sánscrito, designan propiamente principios, y que no pueden ser aplicados a seres humanos sino en tanto que éstos representan esos mismos principios, de suerte que, incluso en ese caso, están vinculados esencialmente a funciones, y no a individualidades. Según M.

---

en la mano de Cristo, lo que muestra por lo demás que es tanto el emblema de la autoridad espiritual como del poder temporal.

[47] M. Ossendowski escribe *Brahytma*, *Mahytma* y *Mahynga*.

Ossendowski, el *Mahâtmâ* "conoce los acontecimientos del porvenir", y el *Mahânga*, "dirige las causas de esos acontecimientos"; en cuanto al *Brahmâtmâ*, puede "hablar a Dios cara a cara"[48], y es fácil comprender lo que eso quiere decir, si se recuerda que ocupa el punto central donde se establece la comunicación directa del mundo terrestre con los estados superiores y, a través de éstos, con el Principio supremo[49]. Por lo demás, la expresión de "Rey del Mundo", si se quisiera entenderla en un sentido restringido, y únicamente en relación al mundo terrestre, sería muy inadecuada; sería más exacto, bajo algunos aspectos, aplicar al *Brahmâtmâ* la de "Señor de los tres mundos"[50], ya que, en toda jerarquía verdadera, el que posee el grado superior posee al mismo tiempo y por eso mismo todos los grados subordinados, y estos "tres mundos" (que constituyen el *Tribhuvana* de la tradición hindú) son, como lo explicaremos un poco más adelante, los dominios que corresponden respectivamente a las tres funciones que enumerábamos hace un momento.

---

[48] Se ha visto más atrás que *Metatron* es el "Ángel de la Faz".

[49] Según la tradición extremo oriental, el "Invariable Medio" es el punto donde se manifiesta la "Actividad del Cielo".

[50] A aquellos que se sorprendan de una tal expresión, podríamos preguntarles sin han reflexionado alguna vez en lo qué significa el *triregnum*, la tiara con tres coronas que es, con las llaves, una de las principales insignias del Papado.

"Cuando sale del templo, dice M. Ossendowski, el Rey del Mundo irradia Luz divina". La Biblia hebraica dice exactamente lo mismo de Moisés cuando descendía del Sinaí[51], y hay que precisar, al respecto de esta aproximación, que la tradición islámica considera a Moisés como habiendo sido el "Polo" (*El-Qutb*) de su época; ¿no sería por esta razón, por lo demás, por lo que la Kabbala dice que Moisés fue instituido por *Metatron* mismo? Todavía convendría distinguir aquí entre el centro espiritual principal de nuestro mundo y los centros secundarios que pueden estarle subordinados, y que le representan solo en relación a tradiciones particulares, adaptadas más especialmente a pueblos determinados. Sin extendernos sobre este punto, haremos observar no obstante que la función de "legislador" (en árabe *rasûl*), que es la de Moisés, supone necesariamente una delegación del poder que designa el nombre de *Manu*; y, por otra parte, una de las significaciones contenidas en este nombre de *Manu* indica precisamente la reflexión de la Luz divina.

---

[51] Se dice también que Moisés debió cubrir entonces su rostro con un velo para hablar al pueblo que no podía soportar su resplandor (*Exodo*, XXIV, 29, 35); en el sentido simbólico, esto indica la necesidad de una adaptación exotérica para la multitud. Recordamos a este propósito la doble significación de la palabra "revelar", que puede querer decir "apartar el velo", pero también "recubrir de un velo"; y es así como la palabra manifiesta y vela a la vez el pensamiento que expresa.

"El Rey del Mundo, dijo un lama a M. Ossendowski, está en relación con los pensamientos de todos aquellos que dirigen el destino de la humanidad... Conoce sus intenciones y sus ideas. Si complacen a Dios, el Rey del Mundo les favorecerá con su ayuda invisible; si desagradan a Dios, el Rey provocará su fracaso. Este poder se ha dado a *Agharti* por la ciencia misteriosa de *Om*, palabra por la que comenzamos todas nuestras plegarias". Inmediatamente después viene esta frase, que, para todos aquellos que tienen solo una vaga idea de la significación del monosílabo sagrado *Om*, debe ser una causa de estupefacción: "*Om* es el nombre de un antiguo santo, el primero de los *Goros* (M. Ossendowski escribe *goro* por *guru*), que vivió hace trescientos mil años". En efecto, esta frase es absolutamente ininteligible si no se piensa en esto: la época de que se trata, y que, por lo demás, no nos parece indicada más que de una manera muy vaga, es muy anterior a la era del presente *Manu*; por otra parte, el *Adi-Manu* o primer *Manu* de nuestro *kalpa* (puesto que *Vaivaswata* es el séptimo) es llamado *Swâyambhuva*, es decir, salido de *Swayambhû*, "El que subsiste por sí mismo", o el *Logos* eterno; ahora bien, el *Logos*, o aquél que le representa directamente, puede ser designado verdaderamente como el primero de los *Gurus* o

"Maestros espirituales"; y, efectivamente, *Om* es en realidad un nombre del *Logos*[52].

Por otra parte, la palabra *Om* da inmediatamente la clave de la repartición jerárquica de las funciones entre el *Brahmâtmâ* y sus dos asesores, tal como ya lo hemos indicado. En efecto, según la tradición hindú, los tres elementos de este monosílabo sagrado simbolizan respectivamente los "tres mundos" a los que hacíamos

---

[52] Este nombre se encuentra también, de una manera bastante sorprendente, en el antiguo simbolismo cristiano, donde, entre los signos que sirvieron para representar a Cristo, se ha encontrado uno que ha sido considerado más tarde como una abreviación de *Ave Maria*, pero que fue primitivamente un equivalente de aquél que reunía las dos letras extremas del alfabeto griego, *alfa* y *omega*, para significar que el Verbo es el principio y el fin de todas las cosas; en realidad, el símbolo en cuestión es incluso más completo, ya que significa el principio, el medio y el fin. Este signo ⋈ se descompone en efecto en AVM, es decir, en las tres letras latinas que corresponden exactamente a los tres elementos constitutivos del monosílabo *Om* (puesto que la vocal *o*, en sánscrito, está formada por la unión de *a* y de *u*). La aproximación de este signo *Aum* y del *swastika*, tomados el uno y el otro como símbolos de Cristo nos parece particularmente significativa desde el punto de vista en donde nos colocamos. Por otra parte, todavía es menester precisar que la forma de este mismo signo presenta dos ternarios dispuestos en sentido inverso el uno del otro, lo que es de hecho, a ciertos respectos, un equivalente del "sello de Salomón": si se considera a éste bajo la forma ✡ donde el trazo medio horizontal precisa la significación general del símbolo al señalar el plano de reflexión o la "superficie de las Aguas", se ve que las dos figuras conllevan el mismo número de líneas y que no difieren en suma más que por la disposición de dos de éstas, que, horizontales en una, devienen verticales en la otra.

alusión hace un momento, los tres términos del *Tribhuvana*: la Tierra (*Bhû*), la Atmósfera (*Bhuvas*) y el Cielo (*Swar*), es decir, en otros términos, el mundo de la manifestación corporal, el mundo de la manifestación sutil o psíquica, y el mundo en modo principial no manifestado[53]. Estos son, yendo de abajo a arriba, los dominios propios del *Mahânga*, del *Mahâtmâ* y del *Brahmâtmâ*, como se puede ver fácilmente remitiéndose a la interpretación de sus títulos que ha sido dada más atrás; y son las relaciones de subordinación que existen entre estos diferentes dominios las que justifican, para el *Brahmâtmâ*, la denominación de "Señor de los tres mundos" que hemos empleado precedentemente[54]: "Éste es el Señor de todas las cosas, el omnisciente (que ve en

---

[53] Para desarrollos más amplios sobre esta cuestión de la concepción de los "tres mundos" estamos obligados a reenviar a nuestras precedentes obras, *El Esoterismo de Dante* y *El Hombre y su devenir según el Vêdânta*. En la primera, hemos insistido, sobre todo, sobre la correspondencia de estos mundos, que son propiamente estados del ser, con los grados de la iniciación. En la segunda, hemos dado concretamente la explicación completa, desde el punto de vista puramente metafísico, del texto de la *Mândûkya Upanishad*, en el que está expuesto enteramente el simbolismo de que se trata aquí; lo que tenemos en vista al presente es solo una aplicación particular del mismo.

[54] En el orden de los principios universales, la función del *Brahmâtmâ* se refiere a *Ishwara*, la del *Mahâtmâ* a *Hiranyagarbha*, y la del *Mahânga* a *Virâj*; sus atribuciones respectivas podrían deducirse fácilmente de esta correspondencia.

modo inmediato todos los efectos en su causa), el ordenador interno (que reside en el centro del mundo y le rige desde dentro, dirigiendo su movimiento sin participar en él), la fuente (de todo poder legítimo), el origen y el fin de todos los seres (de la manifestación cíclica cuya Ley representa)"[55]. Para servirnos también de otro simbolismo, no menos rigurosamente exacto, diremos que el *Mahânga* representa la base del triángulo iniciático, y el *Brahmâtmâ* su cima; entre los dos, el *Mahâtmâ* encarna en cierto modo un principio mediador (la vitalidad cósmica, el *Anima Mundi* de los hermetistas), cuya actuación se despliega en el "espacio intermediario"; y todo esto es figurado muy claramente por los caracteres correspondientes del alfabeto sagrado que Saint-Yves denomina *vattan* y M. Ossendowski *vatannan*, o, lo que equivale a lo mismo, por las formas geométricas (línea recta, espiral y punto) a las cuales se reducen esencialmente los tres *mâtrâs* o elementos constitutivos del monosílabo *Om*.

Expliquémonos más claramente todavía: al *Brahâtmâ* pertenece la plenitud de los dos poderes sacerdotal y real, considerados principialmente y en cierto modo en el estado indiferenciado; estos dos poderes se distinguen después para manifestarse, y el *Mahâtma* representa más

---

[55] Mândûkya Upanishad, shruti 6.

especialmente el poder sacerdotal, mientras que el *Mahânga* representa el poder real. Esta distinción corresponde a la de los *Brâhmanes* y de los *Kshatriyas*; pero, por lo demás, al estar "más allá de las castas", el *Mahâtmâ* y el *Mahânga* tienen en sí mismos, tanto como el *Brahmâtmâ*, un carácter a la vez sacerdotal y real. A este propósito, precisaremos también un punto que parece no haber sido explicado nunca de una manera satisfactoria, y que, no obstante, es muy importante: hemos hecho alusión precedentemente a los "Reyes Magos" del Evangelio, como uniendo en ellos los dos poderes; diremos pues ahora que estos personajes misteriosos no representan en realidad nada más que los tres jefes del *Agarttha*[56]. El *Mahânga* ofrece a Cristo el oro y le saluda como "Rey"; el *Mahâtma* le ofrece el incienso y le saluda como "Sacerdote"; y finalmente, el *Brahmâtmâ* le ofrece la mirra (el bálsamo de incorruptibilidad, imagen del *Amritâ*)[57] y le saluda como "Profeta" o Maestro espiritual

---

[56] Saint-Yves dice bien que los tres "Reyes Magos" habían venido del *Agarttha*, pero sin aportar ninguna precisión a este respeto. — Los nombres que les son atribuidos ordinariamente son sin duda fantasiosos, salvo, no obstante, el de *Melki-Or*, en hebreo "Rey de la Luz", que es bastante significativo.

[57] El *Amritâ* de los Hindúes o la *Ambrosía* de los Griegos (dos palabras etimológicamente idénticas), brebaje o alimento de inmortalidad, era figurado también concretamente por el *Soma* védico o el *Haoma* mazdeísta. — Los árboles de resinas incorruptibles desempeñan un papel importante

por excelencia. El homenaje rendido así a Cristo naciente, en los tres mundos que son sus dominios respectivos, por los representantes auténticos de la tradición primordial, es al mismo tiempo, obsérvese bien, la prenda de la perfecta ortodoxia del Cristianismo al respecto de ésta.

Naturalmente, M. Ossendowski no podía contemplar consideraciones de este orden; pero si hubiera comprendido algunas cosas más profundamente de lo que las ha comprendido, habría podido observar al menos la rigurosa analogía que existe entre el ternario supremo del *Agarttha* y el del Lamaísmo tal como lo indica: el *Dalai-Lama*, "que realiza la santidad (o la pura espiritualidad) de Buddha", el *Tashi-Lama*, "que realiza su ciencia" (no "mágica" como el autor parece creerlo, sino más bien "teúrgica"), y el *Bogdo-Khan*, "que representa su fuerza material y guerrera"; es exactamente la misma repartición según los "tres mundos". Y habría podido incluso hacer esta observación tanto más fácilmente cuanto que él mismo había indicado que "la capital de *Agharti* recuerda a Lhassa donde el palacio del *Dalai-Lama*, el *Potala*, se encuentra en la cima de una montaña recubierta de templos y de monasterios"; por lo demás, esta manera de expresar las cosas es errónea puesto que invierte las relaciones, ya que, en realidad, es de la imagen de la que

---

en el simbolismo; en particular, han sido tomados a veces como emblemas de Cristo.

se puede decir que recuerda al prototipo, y no lo contrario. Ahora bien, el centro del Lamaísmo no puede ser más que una imagen del verdadero "Centro del Mundo"; pero todos los centros de este género presentan, en cuanto a los lugares donde están establecidos, ciertas particularidades topográficas comunes, ya que estas particularidades, muy lejos de ser indiferentes, tienen un valor simbólico incontestable y, además, deben estar en relación con las leyes según las cuales actúan las "influencias espirituales"; esa es una cuestión que depende propiamente de la ciencia tradicional a la que se puede dar el nombre de "geografía sagrada".

Hay todavía otra concordancia no menos destacable: Saint-Yves, al describir los diversos grados o círculos de la jerarquía iniciática, que están en relación con algunos números simbólicos, que se refieren concretamente a las divisiones del tiempo, termina diciendo que "el círculo más elevado y más cercano al centro misterioso se compone de doce miembros, que representan la iniciación suprema y que corresponden, entre otras cosas, a la "zona zodiacal". Ahora bien, esta constitución se encuentra reproducida en lo que se llama el "consejo circular" del *Dalaï-Lama*, formado de los doce grandes *Namshans* (o *Nomekhans*); y se la encuentra también, por lo demás, hasta en algunas tradiciones occidentales, concretamente en las que conciernen a los "Caballeros de la Tabla

Redonda". Agregaremos también que los doce miembros del círculo interior del *Agarttha*, desde el punto de vista del orden cósmico, no representan simplemente a los doce signos del Zodiaco, sino también (y estamos tentados a decir "más bien", aunque las dos interpretaciones no se excluyen) a los doce *Adityas*, que son otras tantas formas del sol, en relación con esos mismos signos zodiacales[58]: Y naturalmente, lo mismo que *Manu Vaivaswata* es llamado "hijo del Sol", el "Rey del Mundo" tiene también el Sol entre sus emblemas[59].

---

[58] Se dice que los *Adityas* (salidos de *Aditi* o lo "Indivisible") fueron primero siete antes de ser doce, y que su jefe era entonces *Varuna*. Los doce *Adityas* son: *Dhâtri, Mitra, Aryaman, Rudra, Varuna, Sûrya, Bhaga, Vivaswat, Pûshan, Savitri, Twashtri* y *Vishnu*. Son otras tantas manifestaciones de una esencia única e indivisible; y se dice también que estos doce soles aparecerán todos simultáneamente en el fin del ciclo, reentrando entonces en la unidad esencial y primordial de su naturaleza común. — En los Griegos, los doce grandes Dioses del Olimpo están también en correspondencia con los doce signos del Zodiaco.

[59] El símbolo al que hacíamos alusión es exactamente el que la liturgia católica atribuye a Cristo cuando le aplica el título de *Sol Justitiae*; el Verbo es efectivamente el "Sol espiritual", es decir, el verdadero "Centro del Mundo"; y, además, esta expresión de *Sol Justitiae* se refiere directamente a los atributos de *Melki-Tsedeq*. Hay que observar también que el león, animal solar, es, en la antigüedad y en la edad media, un emblema de la justicia al mismo tiempo que del poder; el signo del león (Leo) es, en el Zodiaco, el domicilio propio del Sol. — El Sol de doce rayos puede ser considerado como representando a los doce *Adityas*; desde otro punto de vista, si el Sol figura a Cristo, los doce rayos son los doce Apóstoles (la palabra *apostolos* significa "enviado", y los doce rayos son también "enviados" por el Sol).

La primera conclusión que se desprende de todo esto, es que hay verdaderamente lazos bien estrechos entre las descripciones que, en todos los países, se refieren a centros espirituales más o menos ocultos, o al menos difícilmente accesibles. La única explicación plausible que pueda darse de ello, es que, si esas descripciones se refieren a centros diferentes, como así parece en algunos casos, estos centros no son por así decir más que emanaciones de un centro único y supremo, lo mismo que todas las tradiciones particulares no son en suma sino adaptaciones de la gran tradición primordial.

Por lo demás, se puede ver en el número de los doce Apóstoles una marca, entre muchas otras, de la perfecta conformidad del Cristianismo con la tradición primordial.

CAPÍTULO V

EL SIMBOLISMO DEL GRIAL

Hacíamos alusión hace un momento a los "Caballeros de la Tabla Redonda"; no estará fuera de propósito indicar aquí lo que significa la "gesta del Grial", que, en las leyendas de origen céltico se presenta como su función principal. En todas las tradiciones, se hace alusión a algo que, a partir de una cierta época, se habría perdido o estaría oculto: es, por ejemplo, el *Soma* de los Hindúes o el *Haoma* de los Persas, el "brebaje de la inmortalidad", que, precisamente, tiene una relación muy directa con el "Grial", puesto que éste es, se dice, el vaso sagrado que contuvo la sangre de Cristo, la cual es también el "brebaje de la inmortalidad". Por lo demás, el simbolismo es diferente: así, entre los Judíos, lo que se ha perdido, es la pronunciación del gran Nombre divino[60]; pero la idea fundamental es siempre la

---

[60] Recordaremos también, a este respecto, la "Palabra perdida" de la Masonería, que simboliza igualmente los secretos de la iniciación verdadera; así pues, la "búsqueda de la Palabra perdida" no es más que otra forma de la "gesta del Grial". Esto justifica la relación señalada por el historiador

misma, y veremos más adelante a qué corresponde exactamente.

El Santo Grial es, se dice, la copa que sirvió en la Cena, y donde José De Arimatea recogió después la sangre y el agua que se escapaban de la herida abierta en el costado de Cristo por la lanza del centurión Longino[61]. Según la leyenda, esta copa habría sido transportada a Gran Bretaña por José de Arimatea mismo y Nicodemo[62]; y es menester ver en eso la indicación de un lazo establecido entre la tradición céltica y el Cristianismo. La copa, en efecto, desempeña un papel muy importante en la mayoría de las tradiciones antiguas, y sin duda ello era así concretamente en los Celtas; hay que destacar incluso que frecuentemente está asociada a la lanza, y que estos dos

---

Henri Martin entre la "Massenie du Saint-Grial" y la Masonería (Ver *El Esoterismo de Dante*, ed. 1957, pp. 35-36); y las explicaciones que damos aquí permitirán comprender lo que decimos, a este propósito, de la conexión muy estrecha que existe entre el simbolismo mismo del "Grial" y el "centro común" de todas las organizaciones iniciáticas.

[61] Este nombre de *Longino* está emparentado al nombre mismo de la lanza, en griego *logké* (que se pronuncia *lonké*); el latín *lancea* tiene por lo demás la misma raíz.

[62] Estos dos personajes representan aquí respectivamente el poder real y el poder sacerdotal; ocurre lo mismo con Arturo y Merlín en la institución de la "Tabla Redonda".

símbolos son entonces en cierto modo complementarios el uno del otro; pero esto nos alejaría de nuestro tema[63].

Lo que muestra quizás más claramente la significación esencial del "Grial", es lo que se dice de su origen: esta copa habría sido tallada por los Ángeles en una esmeralda caída de la frente de Lucifer en el momento de su caída[64]. Esta esmeralda recuerda de una manera muy llamativa a la *urnâ*, la perla frontal que, en el simbolismo hindú (de donde ha pasado al Budismo), ocupa frecuentemente el lugar del tercer ojo de *Shiva*, que representa lo que se puede llamar el "sentido de la eternidad", así como ya lo hemos explicado en otra parte[65]. Por lo demás, se dice después que el "Grial" fue confiado a Adam en el paraíso terrestre, pero que, en su caída, Adam le perdió a su vez, ya que no pudo llevarle con él cuando fue arrojado del Edén; y, con la significación que acabamos de indicar, eso

---

[63] Diremos solo que el simbolismo de la lanza está frecuentemente en relación con el "Eje del Mundo"; a este respecto, la sangre que gotea de la lanza tiene la misma significación que el rocío que emana del "Arbol de la Vida"; por lo demás, se sabe que todas las tradiciones son unánimes en afirmar que el principio vital está íntimamente ligado a la sangre.

[64] Algunos dicen una esmeralda caída de la corona de Lucifer, pero en eso hay una confusión que proviene de que Lucifer, antes de su caída, era el "Ángel de la Corona" (es decir, de *Kether*, la primera *Sephirah*), en hebreo *Hakathriel*, nombre que tiene por lo demás como número 666.

[65] *El Hombre y su devenir según el Vêdânta*, p. 150 de la ed. francesa.

deviene suficientemente claro. En efecto, el hombre, apartado de su centro original, se encontraba desde entonces encerrado en la esfera temporal; ya no podía encontrar el punto único desde donde todas las cosas se contemplan bajo el aspecto de la eternidad. En otros términos, la posesión del "sentido de la eternidad" está ligada a lo que todas las tradiciones llaman, como lo hemos recordado más atrás, el "estado primordial", cuya restauración constituye la primera etapa de la verdadera iniciación, puesto que es la condición previa de la conquista efectiva de los estados "suprahumanos"[66]. Por lo demás, el Paraíso terrestre representa propiamente el "Centro del Mundo"; y lo que diremos a continuación, sobre el sentido original de la palabra Paraíso, podrá hacerlo comprender mejor todavía.

Lo que sigue puede parecer más enigmático: Seth obtuvo entrar en el Paraíso terrestre y pudo así recobrar el precioso vaso; ahora bien, el nombre de *Seth* expresa las ideas de fundamento y de estabilidad, y, por consiguiente, indica en cierto modo la restauración del orden primordial destruido por la caída del hombre[67]. Así pues,

---

[66] Sobre este "estado primordial" o "estado edénico", ver *El Esoterismo de Dante*, pp. 46-48, y 68-70 de la ed. francesa; y *El Hombre y su devenir según el Vêdânta*, p. 182 de la ed. francesa.

[67] Se dice que Seth permaneció cuarenta años en el Paraíso terrestre; este número 40 tiene también un sentido de "reconciliación" o de "retorno al

se debe comprender que Seth y aquellos que después de él poseyeron el Grial pudieron por eso mismo establecer un centro espiritual destinado a reemplazar el Paraíso perdido, y que era como una imagen de éste; y entonces, esta posesión del Grial representa la conservación integral de la tradición primordial en un tal centro espiritual. Por lo demás, la leyenda no dice dónde ni por quién fue conservado el Grial hasta la época de Cristo; pero el origen céltico que se le reconoce debe dar a entender sin duda que los Druidas tuvieron una parte en ello y que deben ser contados entre los conservadores regulares de la tradición primordial.

La pérdida del Grial, o de alguno de sus equivalentes simbólicos, es en suma la pérdida de la tradición con todo lo que ésta conlleva; por lo demás, a decir verdad, esta tradición es más bien ocultada que perdida, o al menos no puede estar perdida más que para algunos centros secundarios, cuando éstos cesan de estar en relación directa con el centro supremo. En cuanto a este último, guarda siempre intacto el depósito de la tradición, y no es afectado por los cambios que sobrevienen en el mundo

---

principio". Los periodos medidos por este número se encuentran muy frecuentemente en la tradición judeocristiana: recordemos los cuarenta días del diluvio, los cuarenta años durante los cuales los Israelitas erraron en el desierto, los cuarenta días que Moisés pasó en el Sinaí, los cuarenta días de ayuno de Cristo (la Cuaresma tiene naturalmente la misma significación); y sin duda se podrían encontrar otros todavía.

exterior; tanto es así que, según diversos Padres de la Iglesia, y concretamente San Agustín, el diluvio no ha podido alcanzar el Paraíso terrestre, que es "La habitación de Henoch y la Tierra de los Santos"[68], y cuya cima "toca la esfera lunar", es decir, se encuentra más allá del dominio del cambio (identificado al "mundo sublunar"), en el punto de comunicación de la Tierra y de los Cielos[69]. Pero, del mismo modo que el Paraíso terrestre ha devenido inaccesible, el centro supremo, que es en el fondo la misma cosa, puede, en el curso de un cierto periodo, no estar manifestado exteriormente, y entonces se puede decir que la tradición está perdida para el conjunto de la humanidad, ya que no es conservada más que en algunos centros rigurosamente cerrados, y la masa de los hombres no participa ya en ella de una manera consciente y efectiva, contrariamente a lo que había tenido lugar en el estado original[70]; tal es precisamente la

---

[68] "Y Henoch marchó con Dios, y ya no apareció más (en el mundo visible o exterior), porque se lo llevo Dios" (*Génesis*, V, 24). Habría sido transportado entonces al Paraíso terrestre; eso es lo que piensan también algunos teólogos como Tostat y Cajetan. — Sobre la "Tierra de los Santos" o "Tierra de los Vivos", ver lo que se dirá más adelante.

[69] Esto es conforme al simbolismo empleado por Dante, que sitúa el Paraíso terrestre en la cima de la montaña del Purgatorio, que se identifica en él a la "montaña polar" de todas las tradiciones.

[70] La tradición hindú enseña que no había en el origen más que una sola casta, que era denominada *Hamsa*; eso significa que todos los hombres

condición de la época actual, cuyo comienzo, por lo demás, se remonta mucho más allá de lo que es accesible a la historia ordinaria y "profana". Así pues, la pérdida de la tradición, según los casos, puede ser entendida en este sentido general, o bien puede referirse al oscurecimiento del centro espiritual que regía más o menos invisiblemente los destinos de un pueblo particular o de una civilización determinada; es menester pues, cada vez que se encuentra un simbolismo que se refiere a su pérdida, examinar si debe ser interpretado en uno u otro sentido.

Según lo que acabamos de decir, el Grial representa al mismo tiempo dos cosas que son estrechamente solidarias la una de la otra: aquel que posee integralmente la "tradición primordial", que ha llegado al grado de conocimiento efectivo que implica esencialmente esta posesión, está en efecto, por eso mismo, reintegrado en la plenitud del "estado primordial". A estas dos cosas, "estado primordial" y "tradición primordial", se refiere el doble sentido que es inherente a la palabra *Grial* misma, ya que, por una de esas asimilaciones verbales que desempeñan frecuentemente en el simbolismo un papel no desdeñable, y que tienen por lo demás razones mucho

---

poseían entonces normal y espontáneamente el grado espiritual que es designado por este nombre, y que queda más allá de la distinción de las cuatro castas actuales.

más profundas que las que se imaginarían a primera vista, el Grial es a la vez un vaso (*grasale*) y un libro (*gradale* o *graduale*); y este último aspecto designa manifiestamente a la tradición, mientras que el otro concierne más directamente al estado mismo[71].

No tenemos la intención de entrar aquí en los detalles secundarios de la leyenda del Santo Grial, aunque todos tengan también un valor simbólico, ni de seguir la historia de los Caballeros de la "Tabla Redonda" y de sus hazañas; mencionaremos solo que la "Tabla Redonda", construida por el rey Arturo[72] en base a los planos de Merlín, estaba destinada a recibir el Grial cuando alguno de sus caballeros hubiera llegado a conquistarle y le hubiera llevado de Gran Bretaña a Armorica. Esta tabla es también un símbolo verdaderamente muy antiguo, uno de aquellos que fueron siempre asociados a la idea de los centros espirituales, conservadores de la tradición; por lo demás, la forma circular de la tabla está ligada formalmente al ciclo zodiacal por la presencia alrededor de ella de doce

---

[71] En algunas versiones de la leyenda del Santo Grial, los dos sentidos se encuentran estrechamente unidos, ya que el libro deviene entonces una inscripción trazada por Cristo o por un Ángel sobre la copa misma. — Habría en eso aproximaciones fáciles de hacer con el "Libro de la Vida" y con algunos elementos del simbolismo apocalíptico.

[72] El nombre de *Arturo* tiene un sentido muy destacable, que se vincula al simbolismo "polar", y que quizás explicaremos en otra ocasión.

personajes principales[73], particularidad que, como lo decíamos precedentemente, se encuentra en la constitución de todos los centros de que se trata.

Hay también un símbolo que se vincula a otro aspecto de la leyenda del Grial, y que merece una atención especial: es el de *Montsalvat* (literalmente "Monte de la Salvación"), el pico situado "en los bordes lejanos al que ningún mortal se acerca", representado como erigiéndose en el medio del mar, en una región inaccesible, y detrás del cual se eleva el Sol. Es a la vez la "isla sagrada" y la "montaña polar", dos símbolos equivalentes de los que tendremos que hablar todavía en la continuación de este estudio; es la "Tierra de la inmortalidad", que se identifica naturalmente al Paraíso terrestre[74].

Para volver al Grial mismo, es fácil darse cuenta de que su significación primera es en el fondo la misma que la que tiene generalmente el vaso sagrado por todas partes

---

[73] Los "Caballeros de la Tabla Redonda" son a veces en número de cincuenta (que era, en los hebreos, el número del Jubileo, y que se refiere también al "reino del Espíritu Santo"); pero, incluso entonces, había siempre doce que desempeñaban un papel preponderante. — Recordamos también, a este propósito, los doce pares de Carlomagno en otros relatos legendarios de la edad media.

[74] La similitud de *Montsalval* con el *Mêru* nos ha sido señalada por Hindúes, y es esto lo que nos ha conducido a examinar más de cerca la significación occidental del Grial.

donde se encuentra, y que tiene concretamente, en Oriente, la copa sacrificial que contiene originariamente, como ya lo hemos indicado más atrás, el *Soma* védico o el *Haoma* mazdeísta, es decir, el "brebaje de la inmortalidad" que confiere o restituye, a aquellos que lo reciben con las disposiciones requeridas, el "sentido de la eternidad". No podríamos, sin salirnos de nuestro tema, extendernos más sobre el simbolismo de la copa y de lo que contiene; para desarrollarlo convenientemente, sería menester consagrarle todo un estudio especial; pero la observación que acabamos de hacer nos va a conducir a otras consideraciones que son de la mayor importancia para lo que nos proponemos al presente.

CAPÍTULO VI

"Melki-Tsedeq"

Se dice en las tradiciones orientales que el *Soma*, en una cierta época, devino desconocido, de suerte que fue menester, en los ritos sacrificiales, sustituirle por otro brebaje, que no era ya más que una figura de este *Soma* primitivo[75]; este papel fue desempeñado principalmente por el vino, y es a lo que se refiere, en los Griegos, una gran parte de la leyenda de *Dionysos*[76]. Ahora bien, el vino se toma frecuentemente

---

[75] Según la tradición de los persas, hubo dos tipos de *Haoma*: el *blanco*, que no podía ser recogido más que sobre la "montaña sagrada", llamada por ellos *Alborj*, y el *amarillo*, que reemplazó al primero cuando los ancestros de los Iraníes hubieron dejado su hábitat primitivo, pero que, a su vez, fue perdido igualmente después. Aquí se trata de las fases sucesivas del obscurecimiento espiritual que se produce gradualmente a través de las diferentes edades del ciclo humano.

[76] *Dionysos* o *Bacchus* tiene nombres múltiples, que corresponden a otros tantos aspectos diferentes; bajo uno de esos aspectos al menos, la tradición le hace venir de la India. El relato según el cual nació del muslo de *Zeus* reposa sobre una asimilación verbal de las más curiosas: la palabra griega *mêros*, "muslo", ha sustituido al nombre del *Mêru*, la "montaña polar", al que es casi idéntica fonéticamente.

para representar la verdadera tradición iniciática: en hebreo, las palabras *iaïn* "vino", y *sod* "misterio", se sustituyen la una a la otra porque tienen el mismo número[77]; en los *Sûfis*, el vino simboliza el conocimiento esotérico, es decir, la doctrina reservada a la élite y que no conviene a todos los hombres, lo mismo que todos no pueden beber el vino impunemente. De eso resulta que el empleo del vino en un rito confiere a éste un carácter claramente iniciático; tal es concretamente el caso del sacrificio "eucarístico" de Melquisedek[78], y ese es el punto esencial sobre el que debemos detenernos ahora.

El nombre de Melquisedek, o más exactamente *Melki-Tsedeq*, no es otra cosa, en efecto, que el nombre bajo el cual la función misma del "Rey del Mundo" se encuentra expresamente designada en la tradición judeocristiana. Hemos vacilado un poco a la hora de enunciar este hecho, que conlleva la explicación de uno de los pasajes más enigmáticos de la Biblia hebraica, pero, desde que estábamos decididos a tratar esta cuestión del "Rey del Mundo", verdaderamente no nos era posible pasarla bajo

---

[77] El número de cada una de estas dos palabras es 70.

[78] El sacrificio de Melquisedek se considera habitualmente como una "prefiguración" de la Eucaristía; y el sacerdocio cristiano se identifica en principio al sacerdocio mismo de Melquisedek, según la aplicación hecha a Cristo de esta palabra de los *Salmos*: "Tu es sacerdos in aeternum secundum ordinem Melchissedec" (*Salmos*, CX, 4).

silencio. Podríamos retomar aquí las palabras pronunciadas por San Pablo a este propósito: "Sobre este punto, tenemos muchas cosas que decir, y cosas difíciles de explicar, porque habéis devenido lentos en comprender"[79].

He aquí primero el texto mismo del pasaje bíblico del que se trata: "Y *Melki-Tsedeq*, rey de *Salem*, hizo traer pan y vino; y era sacerdote del Dios Altísimo (*El Élion*). Y bendijo a Abram[80], diciendo: Bendito sea Abram del Dios Altísimo, poseedor de los Cielos y de la Tierra; y bendito sea el Dios Altísimo, que ha puesto a tus enemigos entre tus manos. Y Abram le dio el diezmo de todo lo que había tomado"[81].

Melki-Tsedeq es pues rey y sacerdote todo junto; su nombre significa "rey de Justicia", y es al mismo tiempo rey de *Salem*, es decir, de la "Paz"; así pues, aquí volvemos a encontrar, ante todo, la "Justicia" y la "Paz", es decir, precisamente los dos atributos fundamentales del "Rey del Mundo". Es menester precisar que la palabra *Salem*,

---

[79] Epístola a los Hebreos, V, 11.

[80] El nombre de *Abram* todavía no había sido cambiado entonces en *Abraham*; al mismo tiempo (*Génesis*, XVII), el nombre de su esposa *Saraï* fue cambiado en *Sarah*, de suerte que la suma de los números de ambos nombres permaneció la misma.

[81] *Génesis*, XIV, 19-20.

contrariamente a la opinión común, jamás ha designado en realidad una ciudad, sino que, si se la toma como el nombre simbólico de la residencia de *Melki-Tsedeq*, puede ser considerada como un equivalente del término *Agarttha*. En todo caso, es un error ver ahí el nombre primitivo de Jerusalem, ya que ese nombre era *Jébus*; al contrario, si se dio el nombre de Jerusalem a esta ciudad cuando los hebreos establecieron en ella un centro espiritual, es para indicar que desde entonces era como una imagen visible de la verdadera *Salem*; y hay que observar que el Templo fue edificado por Salomón, cuyo nombre (*Shlomoh*), derivado también de *Salem*, significa el "Pacífico"[82].

He aquí ahora en qué términos comenta San Pablo lo que se dice de *Melki-Tsedeq*: "Este Melquisedek, rey de *Salem*, sacerdote del Dios Altísimo, que fue al encuentro de Abraham cuando volvía de la derrota de los reyes, que le bendijo, y a quien Abraham dio el diezmo de todo el botín; que, según la significación de su nombre, es primero rey de Justicia, y después rey de Salem, es decir, rey de Paz; que es sin padre, sin madre, sin genealogía, que no tiene ni comienzo ni fin de su vida, sino que es

---

[82] Hay que destacar también que la misma raíz se encuentra todavía en las palabras *Islam* y *moslem* (musulmán); la "sumisión a la Voluntad Divina" (es el sentido propio de la palabra *Islam*) es la condición necesaria de la "Paz"; habría que aproximar la idea expresada aquí a la del *Dharma* hindú.

hecho así semejante al Hijo de Dios; este Melquisedek permanece sacerdote a perpetuidad"[83].

Ahora bien, *Melki-Tsedeq* es presentado como superior a Abraham, puesto que le bendice, y, "sin duda, es el inferior el que es bendecido por el superior"[84]; y, por su lado, Abraham reconoce esta superioridad puesto que le da el diezmo, lo que es la marca de su dependencia. Hay en eso una verdadera "investidura", casi en el sentido feudal de esta palabra, pero con la diferencia de que se trata de una investidura espiritual; y podemos agregar que ahí se encuentra el punto de unión de la tradición hebraica con la gran tradición primordial. La "bendición" de que se habla es propiamente la comunicación de una "influencia espiritual", en la que Abraham va a participar en adelante; y se puede precisar que la fórmula empleada pone a Abraham en relación directa con el "Dios Altísimo", que este mismo Abraham invoca después identificándole con *Jehovah*[85]. Si *Melki-Tsedeq* es así superior a Abraham, es porque el "Altísimo" (*Élion*), que es el Dios de *Melki-Tsedeq*, es él mismo superior al "Todopoderoso" (*Shaddai*), que es el Dios de Abraham,

---

[83] Epístola a los Hebreos, VII, 1-3.

[84] *Idem*, VII, 7.

[85] *Génesis*, XIV, 22.

o, en otros términos, que el primero de estos dos nombres representa un aspecto Divino más elevado que el segundo. Por otra parte, lo que es extremadamente importante, y lo que parece no haber sido señalado nunca, es que *El Élion* es el equivalente de *Emmanuel*, puesto que estos dos nombres tienen exactamente el mismo número[86]; y esto vincula directamente la historia de *Melki-Tsedeq* a la de los "Reyes Magos", cuya significación hemos explicado precedentemente. Además, todavía se puede ver en esto lo siguiente: el sacerdocio de *Melki-Tsedeq* es el sacerdocio de *El Élion*: el sacerdocio cristiano es el de *Emmanuel*; así pues, si *El Élion* es *Emmanuel*, estos dos sacerdocios no son más que uno, y el sacerdocio cristiano, que conlleva esencialmente la ofrenda eucarística del pan y del vino, es verdaderamente "según el orden de Melquisedek"[87].

La tradición judeocristiana distingue dos sacerdocios, uno "según el orden de Aaron", el otro "según el orden de Melquisedek"; y este último es superior al primero, como Melquisedek mismo es superior a Abraham, del cual ha salido la tribu de Leví y, por consiguiente, la

---

[86] El número de cada uno de estos nombres es 197.

[87] Esto es la justificación completa de la identidad que indicábamos más atrás; pero conviene observar que la participación en la tradición puede no ser siempre consciente; en este caso, por eso no es menos real como medio de transmisión de las "influencias espirituales", pero no implica el acceso efectivo a un rango cualquiera de la jerarquía iniciática.

familia de Aarón[88]. Esta superioridad es afirmada claramente por San Pablo, que dice: "Leví mismo, que percibe el diezmo (sobre el pueblo de Israel), le ha pagado, por así decir, por Abraham"[89]. No vamos a extendernos más aquí sobre la significación de estos dos sacerdocios; pero citaremos todavía esta otra palabra de San Pablo: "Aquí (en el sacerdocio Levítico), son hombres mortales quienes perciben los diezmos; pero allí, es un hombre del que se afirma que está vivo"[90]. Ese "hombre vivo" que es *Melki-Tsedeq*, es *Manu* que permanece en efecto "perpetuamente" (en hebreo *le-ôlam*), es decir, para toda la duración de su ciclo (*Manvantara*) o del mundo que rige especialmente. Por eso es por lo que él es "sin genealogía", ya que su origen es "no-humano", puesto que él mismo es el prototipo del hombre; y es realmente "hecho semejante al Hijo de Dios", puesto que, por la Ley

---

[88] Se puede decir también, según lo que precede, que esta superioridad corresponde a la de la Nueva Alianza sobre la Antigua Ley (*Epístola a los Hebreos*, VII, 22). Habría lugar a explicar por qué Cristo ha nacido de la tribu real de Judá, y no de la tribu sacerdotal de Leví (ver *idem.*, VII, 11-17); pero esas consideraciones nos llevarían demasiado lejos. — La organización de las doce tribus, descendientes de los doce hijos de Jacob, se vincula naturalmente a la constitución duodenaria de los centros espirituales.

[89] Epístola a los Hebreos, VII, 9.

[90] *Idem.*, VII, 8.

que formula, él es, para este mundo, la expresión verdadera del Verbo divino[91].

Hay que hacer todavía otras precisiones, y primero ésta: en la historia de los "Reyes Magos", vemos a tres personajes distintos, que son los tres jefes de la jerarquía iniciática; en la historia de *Melki-Tsedeq*, no vemos más que uno solo, pero que puede unir en él aspectos que corresponden a las tres funciones. Es así como algunos han distinguido *Adoni-Tsedeq*, el "Señor de Justicia", que se desdobla en cierto modo en *Kohen-Tsedeq*, el "Sacerdote de Justicia", y *Melki-Tsedeq*, el "Rey de Justicia"; en efecto, estos tres aspectos pueden ser considerados como refiriéndose respectivamente a las funciones del *Brahmâtmâ*, del *Mahâtmâ* y del *Mahânga*[92]. Aunque *Melki-Tsedeq* no sea entonces propiamente más

---

[91] En la *Pistis Sophia* de los Gnósticos alejandrinos, Melquisedek es calificado de "Gran Receptor de la Luz eterna"; esto conviene también a la función de *Manu*, que recibe en efecto la Luz inteligible, por un rayo emanado directamente del Principio, para reflejarla en el mundo que es su dominio; y es por esto también por lo que *Manu* es llamado "hijo del Sol".

[92] Existen todavía otras tradiciones relativas a *Melki-Tsedeq*; según una de ellas, éste habría sido consagrado en el Paraíso terrestre, por el ángel *Mikaël*, a la edad de 52 años. Por lo demás, este número simbólico 52 desempeña, un papel importante en la tradición hindú, donde se considera como el número total de los sentidos incluidos en el *Vêda*; se dice inclusive que esos sentidos corresponden a otras tantas pronunciaciones diferentes del monosílabo *Om*.

que el nombre del tercer aspecto, se aplica ordinariamente por extensión al conjunto de los tres, y, si se emplea así preferentemente a los otros, es porque la función que expresa es la más próxima del mundo exterior, y por consiguiente la que es manifestada más inmediatamente. Por lo demás, se puede destacar que la expresión de "Rey del Mundo", tanto como la expresión de "Rey de Justicia", no hace alusión directamente más que al poder real; y, por otra parte, se encuentra también en la India la expresión de *Dharma-Râja*, que es literalmente equivalente a la de *Melki-Tsedeq*[93].

Si ahora tomamos el nombre de *Melki-Tsedeq* en su sentido más estricto, los atributos propios del "Rey de Justicia" son la balanza y la espada; y estos atributos son también los de *Mikaël*, considerado como el "Angel del Juicio"[94]. Estos dos emblemas representan respectivamente, en el orden social, las dos funciones administrativa y militar, que pertenecen en propiedad a los *Kshatriyas*, y que son los dos elementos constitutivos del poder real. Son también, jeroglíficamente, los dos

---

[93] Este nombre o más bien, este título de *Dharma-Râja* se aplica concretamente, en el *Mahâbhârata*, a *Yudhishthira*; pero ha sido aplicado primero a *Yama*, el "Juez de los muertos", cuya relación estrecha con *Manu* ya se ha indicado precedentemente.

[94] En la iconografía cristiana, el ángel *Mikaël* figura con estos dos atributos en las representaciones del "Juicio final".

caracteres que forman la raíz hebraica y árabe *Haq*, que significa a la vez "Justicia" y "Verdad"[95], y que, en diversos pueblos antiguos, ha servido precisamente para designar a la realeza[96]. *Haq* es el poder que hace reinar la Justicia, es decir, el equilibrio simbolizado por la balanza, mientras que el poder mismo es simbolizado por la espada[97], y es claramente esto lo que caracteriza al papel esencial del poder real; y, por otra parte, es también, en el orden espiritual, la fuerza de la Verdad. Por lo demás, es menester agregar que existe también una forma suavizada de esta raíz *Haq*, obtenida por la sustitución del signo de la fuerza material por el de la fuerza espiritual; y esta forma *Hak* designa propiamente la "Sabiduría" (en hebreo *Hokmah*), de suerte que conviene más especialmente a la autoridad sacerdotal, como la otra

---

[95] De igual modo, en los antiguos Egipcios, *Mâ* o *Maât* era al mismo tiempo la "Justicia" y la "Verdad"; se la ve figurada en uno de los platillos de la balanza del Juicio, mientras que en el otro hay un vaso, jeroglífico del corazón. — En hebreo, *hoq* significa "decreto" (*Salmos*, II, 7).

[96] Esta palabra *Haq* tiene como valor numérico 108, que es uno de los números cíclicos fundamentales. — En la India, el rosario shivaita está compuesto de 108 granos; y la significación primera del rosario simboliza la "cadena de los mundos", es decir, el encadenamiento causal de los ciclos o de los estados de existencia.

[97] Esta significación podría resumirse en esta fórmula: "la fuerza al servicio del derecho", si los modernos no hubieran abusado tanto de ésta tomándola en un sentido enteramente exterior.

convenía al poder real. Esto es confirmado todavía por el hecho de que las dos formas correspondientes se encuentran, con sentidos similares, para la raíz *kan*, que, en lenguas muy diversas significa "poder" o "potestad", y también "conocimiento"[98]: *Kan* es sobre todo el poder espiritual o intelectual, idéntico a la Sabiduría (de donde *Kohen*, "sacerdote" en hebreo), y *qan* es el poder material (de donde diferentes palabras que expresan la idea de "posesión", y concretamente el nombre de *Qaïn*)[99]. Estas raíces y sus derivados podrían dar lugar sin duda todavía a muchas otras consideraciones; pero debemos limitarnos a lo que se refiere más directamente al tema del presente estudio.

Para completar lo que precede, volveremos a lo que la Kabbala hebraica dice de la *Shekinah*: ésta está representada en el "mundo inferior por la última de las diez *Sephiroth*, que es llamada *Malkuth*, es decir, el "Reino", designación que es bastante digna de precisión desde el punto de vista donde nos colocamos aquí; pero lo que lo es más todavía, es que, entre los sinónimos que se dan a veces a *Malkuth*, se reencuentra *Tsedeq*, el

---

[98] Ver *El Esoterismo de Dante*, ed. francesa, 1957, p. 58.

[99] La palabra *Khan*, título dado a los jefes en los pueblos de Asia central, se vincula quizás a la misma raíz.

"Justo"[100]. Esta aproximación de *Malkuth* y de *Tsedeq*, o de la Realeza (el gobierno del Mundo) y de la Justicia, se encuentra precisamente en el nombre de *Melki-Tsedeq*. Se trata aquí de la Justicia distributiva y propiamente equilibrante, en la "columna del medio" del árbol sephirótico; es menester distinguirla de la Justicia opuesta a la Misericordia e identificada al Rigor, en la "columna izquierda", ya que son dos aspectos diferentes (y por lo demás, en hebreo, hay dos palabras para designarlas: la primera es *Tsedaqah*, y la segunda es *Din*). Es el primero de estos aspectos el que es la Justicia en el sentido más estricto y más completo a la vez, que implica esencialmente la idea de equilibrio o de armonía, y que está ligada indisolublemente a la Paz.

Malkuth es "el depósito donde se reúnen las aguas que vienen del río de arriba, es decir, todas las emanaciones (gracias o influencias espirituales) que ella difunde en

---

[100] *Tsedeq* es también el nombre del planeta Júpiter, cuyo ángel se llama *Tsadqiel-Melek*; la similitud con el nombre de *Melki-Tsedeq* (al cual se agrega solo *El*, el nombre divino que forma la terminación común de todos los nombres angélicos) es aquí demasiado evidente para que haya lugar a insistir más en ello. En la India, el mismo planeta lleva el nombre de *Brihaspati*, que es igualmente el "Pontífice celeste". — Otro sinónimo de *Malkuth* es *Sabbath*, cuyo sentido de "reposo" se refiere visiblemente a la idea de la "Paz", tanto más cuanto que esta idea expresa, como se ha visto más atrás, el aspecto externo de la *Shekinah* misma, aquél por el cual se comunica al "mundo inferior".

abundancia"[101]. Este "río de arriba" y las aguas que descienden de él recuerdan extrañamente al papel atribuido al río celeste *Gangâ* en la tradición hindú: y se podría hacer observar también que la *Shakti*, de la que *Gangâ* es un aspecto, no deja de presentar algunas analogías con la *Shekinah*, aunque no fuera más que en razón de la función "providencial" que les es común. El depósito de las aguas celestes es naturalmente idéntico al centro espiritual de nuestro mundo: desde allí parten los cuatro ríos del *Pardes*, que se dirigen hacía los cuatro puntos cardinales. Para los Judíos, este centro espiritual se identifica a la colina de Sión, a la que aplican la denominación de "Corazón del Mundo", por lo demás común a todas las "Tierras Santas", y que, para ellos, deviene así en cierto modo el equivalente del *Mêru* de los hindúes o del *Alborj* de los persas[102]. "El Tabernáculo de la Santidad de *Jehovah*, la residencia de la *Shekinah*, es el Santo de los Santos que es el corazón del Templo, que es, él mismo, el centro de Sión (Jerusalem), como la santa

---

[101] P. Vulliaud, *La Kabbale juive*, tomo I, p. 509.

[102] En los Samaritanos, es el monte *Garizim* el que desempeña el mismo papel y el que recibe las mismas denominaciones: él es la "Montaña bendita", la "Colina eterna", el "Monte de la Herencia", la "Casa de Dios" y el Tabernáculo de sus Ángeles, la mansión de la *Shekinah*; es identificado incluso a la "Montaña primordial" (*Har Qadim*) donde estuvo el *Edén*, y que no fue sumergido por las aguas del diluvio.

Sión es el centro de la Tierra de Israel, como la Tierra de Israel es el centro del mundo"[103]. Se puede incluso llevar las cosas todavía más lejos: no solo todo lo que se enumera aquí, tomándolo en el orden inverso, sino también, después del Tabernáculo en el Templo, el Arca de la Alianza en el Tabernáculo, y, sobre el Arca de la Alianza misma, el lugar de manifestación de la *Shekinah* (entre los dos *Kerubim*), representan como otras tantas aproximaciones sucesivas del "Polo espiritual".

Es también de esta manera como Dante presenta precisamente a Jerusalem como "Polo espiritual", así como hemos tenido la ocasión de explicarlo en otra parte[104]; pero ésta, desde que se sale del punto de vista propiamente judaico, deviene sobre todo simbólica y no constituye ya una localización en el sentido estricto de esta palabra. Todos los centros espirituales secundarios, constituidos en vista de las adaptaciones de la tradición primordial a condiciones determinadas, son, como ya lo hemos mostrado, imágenes del centro supremo; Sión puede no ser en realidad más que uno de estos centros secundarios, y no obstante identificarse simbólicamente al centro supremo en virtud de esta similitud. Jerusalem es efectivamente, como lo indica su nombre, una imagen de

---

[103] *La Kabbale juive*, tomo I, p. 509.

[104] *El Esoterismo de Dante*, ed. francesa de 1957, p. 64.

la verdadera *Salem*; lo que hemos dicho y lo que diremos todavía de la "Tierra Santa", que no es solo la Tierra de Israel, permitirá comprenderlo sin dificultad.

A este propósito, otra expresión muy destacable como sinónima de "Tierra Santa", es la de "Tierra de los Vivos"; designa manifiestamente la "morada de la inmortalidad", de suerte que, en su sentido propio y riguroso, se aplica al Paraíso terrestre o a sus equivalentes simbólicos; pero esta denominación ha sido transportada también a las "Tierras Santas" secundarias, y concretamente a la Tierra de Israel. Se dice que la "Tierra de los Vivos comprende siete tierras", y M. Vulliaud anota a este respecto que "esta tierra es Canaan en la cual había siete pueblos"[105]. Sin duda, eso es exacto en el sentido literal; pero, simbólicamente, estas siete tierras, como aquellas de las que se habla en la tradición islámica, podrían corresponder muy bien a los siete *dwîpas* que, según la tradición hindú, tienen el *Mêru* como centro común, y sobre los cuales volveremos más adelante. De igual modo, cuando los mundos antiguos, o las creaciones anteriores a la nuestra, son figuradas por los "siete reyes de Edom" (y aquí el número septenario se encuentra en relación con los siete "días" del Génesis), en eso hay una semejanza, demasiado sorprendente para no ser más que accidental,

---

[105] *La Kabbale juive*, tomo II, p. 116.

con las eras de los siete *Manus* contados desde el comienzo del *Kalpa* hasta la época actual[106].

---

[106] Un *Kalpa* comprende catorce *Manvantaras*; *Vaivaswata*, el presente *Manu*, es el séptimo de este *Kalpa*, llamado *Shrî-Shwêta-Varâha-Kalpa* o "Era del Jabalí Blanco". — Otra precisión curiosa es ésta: los Judíos dan a Roma la denominación de *Edom*; ahora bien, la tradición habla también de siete reyes de Roma, y el segundo de estos reyes, *Numa*, que es considerado como el legislador de la ciudad, lleva un nombre que es la inversión silábica exacta del de *Manu*, y que puede, al mismo tiempo, ser aproximado al término griego *nomos*, "ley". Así pues, hay lugar a pensar que esos siete reyes de Roma no son otra cosa, bajo un cierto punto de vista, que una representación particular de los siete *Manus* para una civilización determinada, de igual modo que los siete sabios de Grecia son, por otra parte, en condiciones similares, una representación de los siete *Rishis*, en quienes se sintetiza la sabiduría del ciclo inmediatamente anterior al nuestro.

CAPÍTULO VII

"Luz" o la morada de la inmortalidad

Las tradiciones relativas al "mundo subterráneo" se encuentran en un gran número de pueblos; no tenemos la intención de juntarlas todas aquí, tanto más cuanto que algunas de entre ellas no parecen tener una relación muy directa con la cuestión que nos ocupa. No obstante, de una manera general, se podría observar que el "culto de las cavernas" está siempre más o menos ligado a la idea de "lugar interior" o de "lugar central", y que, a este respecto, el símbolo de la caverna y el del corazón están bastante cerca el uno del otro[107]. Por otra parte, hay realmente, tanto en Asia central como en América y quizás en otras partes también, cavernas y subterráneos donde algunos centros iniciáticos han podido mantenerse desde hace siglos; pero, al margen de este hecho, hay, en todo lo que se cuenta

---

[107] La caverna o la gruta representa la cavidad del corazón, considerado como centro del ser, y también el interior del "Huevo del Mundo".

sobre este tema, una parte simbólica que no es muy difícil de despejar; y podemos pensar incluso que son precisamente razones de orden simbólico las que han determinado la elección de lugares subterráneos para el establecimiento de esos centros iniciáticos, mucho más que motivos de simple prudencia. Saint-Yves habría podido explicar quizás este simbolismo, pero no lo ha hecho, y es eso lo que da a algunas partes de su libro una apariencia de fantasmagoría[108]; en cuanto a M. Ossendowski, era ciertamente incapaz de ir más allá de la letra y de ver en lo que se le decía otra cosa que el sentido más inmediato.

Entre las tradiciones a las que hacíamos alusión hace un momento, una hay que presenta un interés particular: se encuentra en el Judaísmo y concierne a una ciudad misteriosa llamada *Luz*[109]. Este nombre era originariamente el del lugar donde Jacob tuvo el sueño a consecuencia del cual le llamó *Beith-El*, es decir, "casa de Dios"[110]; volveremos más tarde sobre este punto. Se dice

---

[108] Citaremos como ejemplo el pasaje donde se trata del "descenso a los Infiernos"; aquellos que tengan ocasión para ello podrán compararle con lo que hemos dicho sobre el mismo tema en *El Esoterismo de Dante*.

[109] Las reseñas que utilizamos aquí están sacadas en parte de la *Jewish Encyclopedia* (VII, 219).

[110] *Génesis*, XXVIII, 19.

que el "Ángel de la Muerte" no puede penetrar en esta ciudad y que no tiene ningún poder en ella; y, por una aproximación bastante singular, pero también muy significativa, algunos la sitúan cerca del *Alborj*, que es igualmente, para los Persas, la "morada de la inmortalidad".

Cerca de *Luz*, hay, se dice, un almendro (llamado también *luz* en hebreo) en cuya base hay una oquedad por la que se penetra en un subterráneo[111]; y este subterráneo conduce a la ciudad misma, que está enteramente oculta. La palabra *Luz*, en sus diversas acepciones, parece, por lo demás, derivada de una raíz que designa todo lo que está oculto, cubierto, envuelto, silencioso, secreto; y hay que notar que las palabras que designan el Cielo tienen primitivamente la misma significación. Ordinariamente se relaciona *coelum* al griego *koilon*, "oquedad" (lo que puede tener también una relación con la caverna, tanto más cuanto que Varrón indica esa relación en estos términos: *A cavo coelum*); pero es menester precisar

---

[111] En las tradiciones de algunos pueblos de América del Norte, se habla también de un árbol por el que hombres que vivían primitivamente en el interior de la tierra habrían llegado a la superficie, mientras que otros hombres de la misma raza habrían permanecido en el mundo subterráneo. Es verosímil que Bulwer-Lytton se haya inspirado en estas tradiciones en *La Raza futura* (*The Coming Race*). Una nueva edición lleva el título: *La Raza que nos exterminará*.

también que la forma más antigua y más correcta parece ser *caelum*, que recuerda muy de cerca a la palabra *caelare*, literalmente "ocultar". Por otra parte, en sánscrito, *Varuna* viene de la raíz *var*, "cubrir" (lo que es igualmente el sentido de la raíz *kal* a la que se vincula el latín *celare*, otra forma de *caelare*, y su sinónimo griego *kaluptein*)[112]; y el griego *Ouranos* no es más que otra forma del mismo nombre, puesto que *var* se cambia fácilmente en *ur*. Así pues, estas palabras pueden significar "lo que se cubre"[113], "lo que se oculta"[114], pero también "lo que está oculto", y este último sentido es doble: es lo que está oculto a los

---

[112] De la misma raíz *kal* derivan otras palabras latinas, como *caligo* y quizás también el compuesto *occultus*. Por otro lado, es posible que la forma *caelare* provenga originariamente de una raíz diferente *caed*, que tiene el sentido de "cortar" o "dividir" (de donde también *caedere*), y por consiguiente los de "separar" y "ocultar"; pero, en todo caso, las ideas expresadas por estas raíces están, como se ve, muy cerca unas de otras, lo que ha podido llevar fácilmente a la asimilación de *caelare* y de *celare*, incluso si estas dos formas son etimológicamente independientes.

[113] El "Techo del Mundo", asimilable a la "Tierra celeste" o "Tierra de los Vivos", tiene, en las tradiciones del Asia central, relaciones estrechas con el "Cielo Occidental" donde reina *Avalokitêshwara*. — A propósito del sentido de "cubrir", es menester recordar también la expresión masónica de "estar a cubierto": el techo estrellado de la Logia representa la bóveda celeste.

[114] Es el velo de *Isis* o de *Neith* en los Egipcios, el "velo azul" de la Madre universal en la tradición extremo oriental (*Tao-te-king*, cap. VI); si se aplica este sentido al cielo visible, se puede encontrar en él una alusión al papel del simbolismo astronómico que *oculta* o *revela* las verdades superiores.

sentidos, es decir, el dominio suprasensible, y es también, en los periodos de ocultamiento o de oscurecimiento, la tradición que cesa de estar manifestada exterior y abiertamente, deviniendo entonces el "mundo celeste" el "mundo subterráneo".

Bajo otro aspecto, hay que establecer todavía una aproximación con el Cielo: a *Luz* se le llama la "ciudad azul", y este color, que es el del zafiro[115], es el color celeste. En la India, se dice que el color azul de la atmósfera se produce por la reflexión de la luz sobre una de las caras del *Mêru*, la cara meridional, que mira al *Jambu-dwîpa*, y que está hecha de zafiro; es fácil comprender que esto se refiere al mismo simbolismo. El *Jambu-dwîpa* no es solo la India como se cree de ordinario, sino que representa en realidad todo el conjunto del mundo terrestre en su estado actual; y, en efecto, este mundo puede ser considerado como situado todo entero al sur del *Mêru*, puesto que éste se identifica con el polo septentrional[116]. Los siete *dwîpas*

---

[115] El zafiro desempeña un papel importante en el simbolismo bíblico; en particular, aparece frecuentemente en las visiones de los Profetas.

[116] El Norte se llama en sánscrito *Uttara*, es decir, la región más elevada; el Sur se llama *Dakshina*, la región de la derecha, es decir, la que uno tiene a su derecha al volverse hacia el Oriente. *Uttarâyana* es la marcha ascendente del Sol hacia el Norte, que comienza en el solsticio de invierno y que termina en el solsticio de verano; *dakshinâyana* es la marcha descendente del Sol hacia el Sur, que comienza en el solsticio de verano y que termina en el

(literalmente "islas" o "continentes") emergen sucesivamente en el curso de ciertos periodos cíclicos, de suerte que cada uno de ellos es el mundo terrestre considerado en el periodo correspondiente; forman un loto cuyo centro es el *Mêru*, en relación al cual están orientados según las siete regiones del espacio[117]. Así pues,

---

solsticio de invierno.

[117] En el simbolismo hindú (que el Budismo mismo ha conservado en la leyenda de los siete pasos), las siete regiones del espacio son los cuatro puntos cardinales, más el Zenit y el Nadir, y finalmente el centro mismo; se puede precisar que su representación forma una cruz de tres dimensiones (seis direcciones opuestas dos a dos a partir del centro). De igual modo, en el simbolismo kabbalístico, el "Santo Palacio" o "Palacio interior" está en el centro de las seis direcciones, que forman con él el septenario; y "Clemente de Alejandría dice que de Dios, "Corazón del Universo", parten las extensiones indefinidas que se dirigen, una hacia arriba, otra hacia abajo, ésta hacia la derecha, aquella hacia la izquierda, una hacia adelante y otra hacia atrás; dirigiendo su mirada hacia estas seis extensiones como hacia un número siempre igual, acaba el mundo; es el comienzo y el fin (el *alfa* y la *omega*), en él se acaban las seis fases del tiempo, y es de él de quien reciben su extensión indefinida; éste es el secreto del número 7" (citado por P. Vulliaud, *La Kabbale juive*, tomo I, pp. 215-216). Todo esto se refiere al desarrollo del punto primordial en el espacio y en el tiempo; las seis fases del tiempo, que corresponden respectivamente a las seis direcciones del espacio, son seis periodos cíclicos, subdivisiones de otro periodo más general, y a veces se representan simbólicamente como seis milenarios; también son asimilables a los seis primeros "días" del *Génesis*, siendo el séptimo o *Sabbath* la fase de retorno al Principio, es decir, al centro. Se tienen así siete periodos a los cuales puede ser referida la manifestación respectiva de los siete *dwîpas*; si cada uno de estos periodos es un *Manvantara*, el *Kalpa* comprende dos series septenarias completas; y por lo

hay una cara del *Mêru* que está vuelta hacia cada uno de los siete *dwîpas*; si cada una de estas caras tiene uno de los colores del arcoiris[118], la síntesis de estos siete colores es el blanco, que se atribuye por todas partes a la autoridad espiritual suprema[119], y que es el color del *Mêru* considerado en sí mismo (veremos que se le designa efectivamente, como la "montaña blanca"), mientras que los demás colores representan solo sus aspectos en relación a los diferentes *dwîpas*. Parece que, para el periodo de manifestación de cada *dwîpa*, haya una posición diferente del *Mêru*; pero, en realidad, el *Mêru* es inmutable, puesto que es el centro, y es la orientación del mundo terrestre en relación a él la que es cambiada de un periodo a otro.

Volvamos a la palabra hebraica *luz*, cuyas diversas significaciones son muy dignas de atención: esta palabra tiene ordinariamente el sentido de "almendra" (y también

---

demás, entiéndase bien que el mismo simbolismo es aplicable a diferentes grados, según se consideren periodos cíclicos más o menos extensos.

[118] Ver lo que ha sido dicho más atrás sobre el simbolismo del arcoiris. — No hay en realidad más que seis colores, complementarios dos a dos, y que corresponden a las seis direcciones opuestas dos a dos; el séptimo color no es otro que el blanco mismo, de igual modo que la séptima región se identifica con el centro.

[119] No carece pues de razón que, en la jerarquía católica, el Papa esté vestido de blanco.

de "almendro", puesto que designa por extensión tanto al árbol como a su fruto) o de "hueso"; ahora bien, el hueso es lo más interior y oculto que hay, y está enteramente cerrado, de ahí la idea de "inviolabilidad"[120] (idea que se vuelve a encontrar en el nombre del *Agarttha*). La misma palabra *luz* es también el nombre dado a una partícula corporal indestructible, representada simbólicamente como un hueso muy duro, y a la cual el alma permanecería ligada después de la muerte y hasta la resurrección[121]. Como el hueso de la almendra contiene el germen, y como el hueso corporal contiene la médula, este *luz* contiene los elementos virtuales necesarios a la restauración del ser; y esta restauración se operará bajo la influencia del "rocío celeste", que revivifica las osamentas desecadas; es a esto a lo que hace alusión, de la manera más clara, esta palabra de San Pablo: "Sembrado en la corrupción, resucitará en la gloria"[122]. Aquí como siempre, la "gloria" se refiere a la

---

[120] Por eso es por lo que el almendro ha sido tomado como símbolo de la Virgen.

[121] Es curioso observar que esta tradición judaica ha inspirado muy probablemente algunas teorías de Leibnitz sobre el "animal" (es decir, el ser vivo) que subsiste perpetuamente con un cuerpo, pero "reducido a pequeño" después de la muerte.

[122] *I Epístola a los Corintios*, XV, 42. — Hay en estas palabras una aplicación estricta de la ley de analogía: "Lo que está arriba es como lo que está abajo, pero en sentido inverso".

Shekinah, considerada en el mundo superior, y con la cual el "rocío celeste" tiene una estrecha relación, así como ya hemos podido darnos cuenta de ello precedentemente. Puesto que el *luz* es imperecedero[123], es, en el ser humano, el "núcleo de la inmortalidad", como el lugar que es designado por el mismo nombre es la "morada de la inmortalidad": ahí se detiene, en los dos casos, el poder del "Ángel de la Muerte". Es en cierto modo el huevo o el embrión del Inmortal[124]; puede ser comparado también a la crisálida de donde debe salir la mariposa[125], comparación que traduce exactamente su papel en relación a la resurrección.

Se sitúa al *luz* hacia la extremidad inferior de la columna vertebral; esto puede parecer bastante extraño,

---

[123] En sánscrito, la palabra *akshara* significa "indisoluble", y por consiguiente "imperecedero" o "indestructible"; designa a la sílaba, elemento primero y germen del lenguaje, y se aplica por excelencia al monosílabo *Om*, que se dice que contiene en sí mismo la esencia del triple *Vêda*.

[124] Se encuentra su equivalente, bajo otra forma, en las diferentes tradiciones, y en particular, con desarrollos muy importantes, en el Taoísmo. — A este respecto, es el análogo, en el orden "microcósmico", de lo que es el "Huevo del Mundo" en el orden "macrocósmico", ya que encierra las posibilidades del "ciclo futuro" (la *vita venturi saeculi* del Credo católico).

[125] Uno puede remitirse aquí al simbolismo griego de *Psyché*, que reposa en gran parte sobre esta similitud (Ver *Psyché* por F. Pron).

pero se aclara por una aproximación a lo que la tradición hindú dice de la fuerza llamada *kundalinî* [126], que es una forma de la *Shakti* considerada como inmanente en el ser humano[127]. Esta fuerza es representada bajo la figura de una serpiente enrollada sobre sí misma, en una región del organismo sutil que corresponde precisamente también a la extremidad inferior de la columna vertebral; al menos es así en el hombre ordinario; pero, por el efecto de prácticas tales como las del *Hatha-Yoga*, ella se despierta, se despliega y se eleva a través de las "ruedas" (*chakras*) o "lotos" (*kamalas*) que responden a los diversos plexos, para alcanzar la región que corresponde al "tercer ojo", es decir, al ojo frontal de *Shiva*. Este estadio representa la restitución del "estado primordial", donde el hombre recupera el "sentido de la eternidad" y, por eso mismo, obtiene lo que hemos llamado en otra parte la inmortalidad virtual. Hasta aquí, todavía estamos en el estado humano; en una fase ulterior, *kundalinî* alcanza finalmente la coronilla de la cabeza[128], y esta última fase se

---

[126] La palabra *kundalî* (en femenino *kundalinî*) significa enrollado en forma de anillo o espiral; este enrollamiento simboliza el estado embrionario y "no desarrollado".

[127] A este respecto, y bajo una cierta relación, su morada se identifica también a la cavidad del corazón; ya hemos hecho alusión a una relación que existe entre la *Shakti* hindú y la *Shekinah* hebraica.

[128] Es el *Brahma-randhra* u orificio de *Brahma*, punto de contacto de la

refiere a la conquista efectiva de los estados superiores del Ser. Lo que parece resultar de esta aproximación, es que la localización del *luz* en la parte inferior del organismo se refiere solo a la condición de "hombre caído"; y, para la humanidad terrestre considerada en su conjunto, ocurre lo mismo con la localización del centro espiritual supremo en el "mundo subterráneo".[129]

---

sushumnâ o "arteria coronaria" con el "rayo solar"; hemos expuesto completamente este simbolismo en *El Hombre y su devenir según el Vêdânta*.

[129] Todo esto tiene una relación muy estrecha con la significación real de esta frase hermética bien conocida: "Visita inferiora terrae, rentificando invenies occultum lapidem, veram medicinam", frase que da por acróstico la palabra *Vitriolum*. La "piedra filosofal" es al mismo tiempo, bajo otro aspecto, la "verdadera medicina", es decir, el "elixir de la larga vida", que no es otra cosa que el "brebaje de la inmortalidad". — Se escribe a veces *interiora* en lugar de *inferiora*, pero el sentido general no es modificado por ello, y hay siempre la misma alusión manifiesta al "mundo subterráneo".

CAPÍTULO VIII

EL CENTRO SUPREMO OCULTO DURANTE EL "KALI-YUGA"

El *Agarttha*, se dice en efecto, no siempre fue subterráneo, y no lo permanecerá siempre; vendrá un tiempo donde, según las palabras contadas por M. Ossendowski, "los pueblos de *Agharti* saldrán de sus cavernas y aparecerán sobre la superficie de la tierra"[130]. Antes de su desaparición del mundo visible, este centro llevaba otro nombre, ya que el de *Agarttha*, que significa "inaprehensible" o "inaccesible" (y también "inviolable", ya que es la "morada de la Paz", *Salem*), no le habría convenido entonces; M. Ossendowski precisa que ha devenido subterráneo "hace más de seis mil años", y se encuentra que esta fecha corresponde, con una aproximación muy suficiente, al comienzo del *Kali-Yuga* o "edad negra", la "edad de hierro" de los antiguos

---

[130] Estas palabras son aquellas por las cuales se termina una profecía que el "Rey del Mundo" habría hecho en 1890, cuando apareció en el monasterio de Narabanchi.

occidentales, el último de los cuatro periodos en los cuales se divide el *Manvantara*[131]; su reaparición debe coincidir con el fin del mismo periodo.

Hemos hablado más atrás de las alusiones hechas por todas las tradiciones a algo que se ha perdido o que se ha ocultado, y que se representa bajo símbolos diversos; esto, cuando se lo toma en su sentido general, el que concierne a todo el conjunto de la humanidad terrestre, se refiere precisamente a las condiciones del *Kali-Yuga*. Así pues, el periodo actual es un periodo de oscurecimiento y de confusión[132]; sus condiciones son tales, que mientras que

---

[131] El *Manvantara* o era de un *Manu*, llamado también *Mahâ-Yuga*, comprende cuatro *Yugas* o periodos secundarios: *Krita-Yuga* (o *Satya-Yuga*), *Trêtâ-Yuga*, *Dwâpara-Yuga* y *Kali-Yuga*, que se identifican respectivamente a la "edad de oro", a la "edad de plata", a la "edad de bronce" y a la "edad de hierro" de la antigüedad grecolatina. En la sucesión de estos periodos, hay una suerte de materialización progresiva, que resulta del alejamiento del Principio que acompaña necesariamente al desarrollo de la manifestación cíclica, en el mundo corporal, a partir del "estado primordial".

[132] El comienzo de esta edad esta representado concretamente, en el simbolismo bíblico, por la Torre de Babel y la "confusión de las lenguas". Se podría pensar bastante lógicamente que la caída y el diluvio corresponderían al final de las dos primeras edades; pero, en realidad, el punto de partida de la tradición hebraica no coincide con el comienzo del *Manvantara*. Es menester no olvidar que las leyes cíclicas son aplicables a grados diferentes, para periodos que no tienen la misma extensión, y que a veces se solapan los unos a los otros, de ahí las complicaciones que, a primera vista, pueden parecer inextricables, y que no es efectivamente

persistan, el conocimiento iniciático debe necesariamente permanecer oculto, de donde el carácter de los "Misterios" de la antigüedad llamada "histórica" (que ni siquiera se remonta hasta el comienzo de este periodo)[133] y de las organizaciones secretas de todos los pueblos: organizaciones que dan una iniciación efectiva allí donde subsiste todavía una verdadera doctrina tradicional, pero que ya no ofrecen más que su sombra cuando el espíritu de esa doctrina ha cesado de vivificar los símbolos que no son más que su representación exterior, y eso porque, por razones diversas, todo lazo consciente con el centro espiritual del mundo ha acabado por ser roto, lo que es el sentido más particular de la pérdida de la tradición, el que concierne especialmente a tal o a cual centro secundario, que haya cesado de estar en relación directa y efectiva con el centro supremo.

Así pues, como ya lo hemos dicho precedentemente, se debe hablar de algo que está ocultado más bien que verdaderamente perdido, puesto que no está perdido para todos y puesto que algunos lo poseen todavía

---

posible resolver más que por la consideración del orden de subordinación jerárquica de los centros tradicionales correspondientes.

[133] No parece que se haya destacado nunca como convendría la imposibilidad casi general en que se encuentran los historiadores para establecer una cronología cierta para todo lo que es anterior al siglo VI antes de la era Cristiana.

integralmente; y, si ello es así, otros tienen siempre la posibilidad de reencontrarlo, siempre que lo busquen como conviene, es decir, que su intención sea dirigida de tal suerte que, por las vibraciones armónicas que despierte según la ley de las "acciones y reacciones concordantes"[134], pueda ponerles en comunicación espiritual efectiva con el centro supremo[135]. Por lo demás, esta dirección de la intención tiene, en todas las formas tradicionales, su representación simbólica; queremos hablar de la orientación ritual: ésta, en efecto, es propiamente la dirección hacia un centro espiritual, que, cualquiera que éste sea, es siempre una imagen del verdadero "Centro del Mundo"[136]. Pero, a medida que se avanza en el *Kali-Yuga*, la unión con este centro, cada vez más cerrado y ocultado,

---

[134] Esta expresión está tomada a la doctrina taoísta; por otra parte, tomamos aquí la palabra "intención" en un sentido que es exactamente el del árabe *niyah*, que se traduce habitualmente así, y este sentido es por lo demás conforme a la etimología latina (de *in-tendere*, tender hacia).

[135] Lo que acabamos de decir permite interpretar en un sentido muy preciso estas palabras del Evangelio: "Buscad y encontraréis; pedid y recibiréis; llamad y se os abrirá". — Aquí uno deberá remitirse naturalmente a las indicaciones que ya hemos dado a propósito de la "intención recta" y de la "buena voluntad"; y con eso se podrá completar sin esfuerzo la explicación de esta fórmula: *Pax in terra hominibus bonae voluntatis*.

[136] En el Islam, esta orientación (*qiblah*) es como la materialización, si se puede expresar así, de la intención (*niyah*). La orientación de las iglesias cristianas es otro caso particular que se refiere esencialmente a la misma idea.

deviene más difícil, al mismo tiempo que devienen más raros los centros secundarios que le representan exteriormente[137]; y no obstante, cuando acabe este periodo, la tradición deberá ser manifestada de nuevo en su integridad, puesto que el comienzo de cada *Manvantara*, al coincidir con el fin del precedente, implica necesariamente, para la humanidad terrestre, el retorno al "estado primordial"[138].

En Europa, todo lazo establecido conscientemente con el centro por medio de organizaciones regulares está actualmente roto, y ello es así desde hace ya varios siglos; por otra parte, esta ruptura no se ha cumplido de un solo golpe, sino en varias fases sucesivas[139]. La primera de estas fases se remonta al comienzo del siglo XIV; lo que ya hemos dicho en otra parte de las Órdenes de caballería puede hacer comprender que una de sus funciones principales era asegurar una comunicación entre Oriente

---

[137] No se trata, bien entendido, más que de una exterioridad relativa, puesto que estos centros secundarios están ellos mismos más o menos estrictamente cerrados desde el comienzo del *Kali-Yuga*.

[138] Es la manifestación de la Jerusalem celeste, que es, en relación al ciclo que acaba, lo mismo que el Paraíso terrestre en relación al ciclo que comienza, así como lo hemos explicado en *El Esoterismo de Dante*.

[139] De igual modo, bajo otro punto de vista más extenso, hay para la humanidad grados en el alejamiento del centro primordial, y es a estos grados a los que corresponde la distinción de los diferentes *Yugas*.

y Occidente, comunicación cuyo verdadero alcance es posible aprehender si se precisa que el centro del que hablamos aquí ha sido descrito siempre, al menos en lo que concierne a los tiempos "históricos", como estando situado en la parte de Oriente. No obstante, después de la destrucción de la Orden del Temple, el Rosacrucianismo, o aquello a lo que se debía dar este nombre después, continuó asegurando el mismo lazo, aunque de una manera más disimulada[140]. El Renacimiento y la Reforma marcaron una nueva fase crítica, y finalmente, según lo que parece indicar Saint-Yves, la ruptura completa habría coincidido con los tratados de Westfalia que, en 1648, terminaron la guerra de los Treinta Años. Ahora bien, es sorprendente que varios autores hayan afirmado precisamente, que, poco después de la guerra de los Treinta Años, los verdaderos Rosa-Cruz abandonaron Europa para retirarse a Asia; y recordaremos, a este propósito, que los Adeptos rosacrucianos eran en número de doce, como los miembros del círculo más interior del *Agarttha*, y conformemente a la constitución común a tantos centros espirituales formados a la imagen de ese centro supremo.

---

[140] Sobre este punto todavía, estamos obligados a remitir a nuestro estudio sobre *El Esoterismo de Dante*, donde hemos dado todas las indicaciones que permiten justificar esta aserción.

A partir de esta última época, el depósito del conocimiento iniciático efectivo ya no es guardado realmente por ninguna organización occidental; así, Swedenborg declaraba que en adelante es entre los Sabios del Tíbet y de la Tartaria donde sería menester buscar la "Palabra perdida"; y, por su lado, Anne-Catherine Emmerich tuvo la visión de un lugar misterioso que llamaba la "Montaña de los Profetas" y que se situaba en las mismas regiones. Agregaremos que es de las informaciones fragmentarias que Mme Blavatsky pudo recopilar sobre este tema, sin comprender por lo demás su verdadera significación, de donde nació en ella la idea de la "Gran Logia Blanca", a la que podríamos llamar, no ya una imagen, sino simplemente una caricatura o una parodia imaginaria del *Agarttha*[141].

---

[141] Aquellos que comprendan las consideraciones que exponemos aquí verán por eso mismo por qué nos es imposible tomar en serio las múltiples organizaciones pseudo-iniciáticas que han visto la luz en el Occidente contemporáneo: no hay ninguna de ellas que, sometida a un examen algo riguroso, pueda proporcionar la menor prueba de "regularidad".

CAPÍTULO IX

EL "OMPHALOS" Y LOS BÉTULOS

Según lo que cuenta M. Ossendowski, el "Rey del Mundo" apareció antaño varias veces, en la India y en Siam, "bendiciendo al pueblo con una manzana de oro coronada de un cordero"; y este detalle toma toda su importancia cuando se le aproxima a lo que Saint-Yves dice del "Ciclo del Cordero y del Carnero"[142]. Por otro lado, y esto es todavía más destacable, existen en la simbólica cristiana innumerables representaciones del Cordero sobre una montaña de donde descienden cuatro

---

[142] Recordaremos aquí la alusión que ya hemos hecho en otra parte a la relación que existe entre el *Agni* védico y el símbolo del Cordero (*El Esoterismo de Dante*, ed. francesa de 1957, pp. 69-70; *El Hombre y su devenir según el Vêdânta*, ed. francesa, p. 43); el carnero representa en la India el vehículo de *Agni*. — Por otra parte, M. Ossendowski indica en varias ocasiones que el culto de *Râma* existe también en Mongolia; así pues, en eso hay otra cosa que Budismo, contrariamente a lo que pretenden la mayoría de los orientalistas. Por otra parte, se nos ha comunicado, sobre los recuerdos del "Ciclo de Ram" que subsistirían todavía actualmente en Camboya, reseñas que nos han parecido tan extraordinarias que hemos preferido no hacer constancia de ellas; no mencionaremos pues este hecho sino como memoria.

ríos, que son evidentemente idénticos a los cuatro ríos del Paraíso terrestre[143]. Ahora bien, hemos dicho que el *Agarttha*, anteriormente al comienzo del *Kali-Yuga*, llevaba otro nombre, y este nombre era el de *Paradêsha*, que, en sánscrito, significa "región suprema", lo que se aplica perfectamente al centro espiritual por excelencia, designado también como el "Corazón del Mundo"; es de esta palabra de donde los Caldeos han hecho *Pardes* y los occidentales *Paraíso*. Tal es el sentido original de esta última palabra, y esto debe acaba de hacer comprender por qué hemos dicho precedentemente que lo que se trata es siempre, bajo una forma o bajo otra, la misma cosa que el *Pardes* de la Kabbala hebraica.

Por otra parte, si uno se remite a lo que hemos dicho y explicado sobre el simbolismo del "Polo", es fácil ver también que la montaña del Paraíso terrestre es idéntica a la "montaña polar", de la que se trata, bajo nombres diversos, en casi todas las tradiciones: ya hemos mencionado el *Mêru* de los Hindúes y el *Alborj* de los Persas, así como el *Montsalvat* de la leyenda occidental del Grial; citaremos también la montaña de *Qâf* de los

---

[143] Señalamos también las representaciones del Cordero sobre el Libro sellado con siete sellos de que se habla en el *Apocalipsis*; el Lamaísmo tibetano posee igualmente siete sellos misteriosos, y no pensamos que esta aproximación sea puramente accidental.

árabes[144], e incluso el *Olimpo* de los griegos, que, bajo muchos aspectos, tiene la misma significación. Se trata siempre de una región que, como el Paraíso terrestre, ha devenido inaccesible a la humanidad ordinaria, y que está situada fuera del alcance de todos los cataclismos que trastornan al mundo humano al final de algunos periodos cíclicos. Esta región es verdaderamente la "región suprema"; por lo demás, según algunos textos védicos y avésticos, su situación habría sido primitivamente polar, incluso en el sentido literal de esta palabra; y, cualesquiera que pueda ser su localización a través de las diferentes fases de la historia de la humanidad terrestre, permanece siempre polar en el sentido simbólico, puesto que representa esencialmente el eje fijo alrededor del cual se cumple la revolución de todas las cosas.

La montaña figura naturalmente el "Centro del Mundo" antes del *Kali-Yuga*, es decir, cuando existía en cierto modo abiertamente y no era todavía subterráneo; así pues, corresponde a lo que se podría llamar su situación normal, fuera del periodo obscuro cuyas condiciones especiales implican una suerte de inversión

---

[144] Se dice de la montaña de *Qâf* que no se puede alcanzar "ni por tierra ni por mar" (*lâ bil-barr wa lâ bil-bahr*; cf. lo que ha sido dicho más atrás de *Montsalvat*), y, entre sus otras designaciones, tiene la de "Montaña de los Santos" (*Jabal el-Awliyâ*), lo que hay que aproximar a la "Montaña de los Profetas" de Anne-Catherine Emmerich.

del orden establecido. Por lo demás, es menester agregar que, a parte de estas consideraciones que se refieren a las leyes cíclicas, los símbolos de la montaña y de la caverna tienen uno y otro su razón de ser, y que hay entre ellos un verdadero complementarismo[145]; además, la caverna puede ser considerada como situada en el interior de la montaña misma, o inmediatamente debajo de ésta.

Hay también otros símbolos que, en las tradiciones antiguas, representan el "Centro del Mundo"; uno de los más destacables es quizás el del *Omphalos*, que se encuentra igualmente en casi todos los pueblos[146]. La palabra griega *omphalos* significa "ombligo", pero designa también, de una manera general, todo lo que es centro, y más especialmente el cubo de una rueda; en sánscrito, la

---

[145] Este complementarismo es el de los dos triángulos, dispuestos en sentido inverso uno de otro, que forman el "sello de Salomón"; es comparable también al de la lanza y de la copa, que ya hemos tratado más atrás, y a muchos otros símbolos comparables a éstos.

[146] W. H. Roscher, en una obra titulada *Omphalos*, aparecida en 1913, ha reunido una cantidad considerable de documentos que establecen este hecho para los pueblos más diversos; pero ha cometido el error de pretender que este símbolo está ligado a la idea que se hacían estos pueblos de la forma de la tierra, porque se imagina que se trata de la creencia en un centro de la superficie de la tierra, en el sentido más groseramente literal; esta opinión implica un desconocimiento completo de la significación profunda del simbolismo. — Utilizaremos en lo que sigue un cierto número de reseñas contenidas en un estudio de M. J. Loth sobre *El Omphalos chez les Celtes*, aparecido en la *Revue des Études anciennes* (julio-septiembre de 1915).

palabra *nâbhi* tiene igualmente estas diferentes acepciones, y, en las lenguas célticas y germánicas, hay igualmente derivados de la misma raíz, que se encuentran bajo las formas *nab* y *nav*[147]. Por otra parte, en galo, la palabra *nav* o *naf*, que es evidentemente idéntica a estas últimas, tiene el sentido de "jefe" y se aplica incluso a Dios; así pues, es la idea del Principio central la que se expresa aquí[148]. Por lo demás, el sentido de "cubo" tiene, a este respecto, una importancia muy particular, porque la rueda es por todas partes un símbolo del Mundo realizando su rotación alrededor de un punto fijo, símbolo que debe ser aproximado por tanto al del *swastika*; pero, en éste, la circunferencia que representa la manifestación no está trazada, de suerte que es el centro mismo el que es designado directamente: el *swastika* no es una figura del Mundo, sino más bien de la acción del Principio al respecto del Mundo.

El símbolo del *Omphalos* podía estar colocado en un lugar que fuera simplemente el centro de una región

---

[147] En alemán, *nabe*, cubo, y *nabel*, ombligo; de igual modo, en inglés, *nave* y *navel*, donde esta última palabra tiene también el sentido general de centro o de medio. — El griego *omphalos* y el latín *umbilicus* provienen por lo demás de una simple modificación de la misma raíz.

[148] *Agni*, en el *Rig-Vêda*, es llamado "ombligo de la Tierra", lo que se vincula también a la misma idea; el *swastika*, como ya lo hemos dicho, es frecuentemente un símbolo de *Agni*.

determinada, centro espiritual, por lo demás, más bien que centro geográfico, aunque los dos hayan podido coincidir en algunos casos; pero, si ello era así, es porque este punto era verdaderamente, para el pueblo que habitaba la región considerada, la imagen visible del "Centro del Mundo", de igual modo que la tradición propia de ese pueblo no era más que una adaptación de la tradición primordial bajo la forma que convenía mejor a su mentalidad y a sus condiciones de existencia. Se conoce sobre todo, de ordinario, el *Omphalos* del templo de Delfos; este templo era realmente el centro espiritual de la Grecia antigua[149], y, sin insistir sobre todas las razones que podrían justificar esta aserción, solo haremos destacar que era allí donde se juntaba, dos veces al año, el consejo de los Anfictiones, compuesto por los representantes de todos los pueblos helénicos, y que formaba por lo demás el único lazo efectivo entre aquellos pueblos, lazo cuya fuerza residía precisamente en su carácter esencialmente tradicional.

La representación material del *Omphalos* era generalmente una piedra sagrada, lo que se denomina frecuentemente un "bétulo"; y esta última palabra parece

---

[149] Había en Grecia otros centros espirituales, pero reservados más particularmente a la iniciación a los Misterios, como Eleusis y Samotracia, mientras que Delfos tenía un papel social que concernía directamente a todo el conjunto de la colectividad helénica.

no ser otra cosa que el hebreo *Beith-El*, "casa de Dios", el mismo nombre que Jacob dio al lugar donde el Señor se había manifestado a él en un sueño: "Y Jacob se despertó de su sueño y dijo: Ciertamente el Señor está en este lugar, y yo no lo sabía. Y se asustó y dijo: ¡Cuán temible es este lugar! Es la casa de Dios y la puerta de los Cielos. Y Jacob se levantó de madrugada, y tomando la piedra de la que había hecho su cabecera la erigió como un pilar, y vertió óleo sobre su cima (para consagrarla). Y Jacob dio a este lugar el nombre de *Beith-El*; pero el primer nombre de esta ciudad era *Luz*"[150]. Ya hemos explicado más atrás la significación de esta palabra *Luz*; por otra parte se dice también que *Beith-El*, "casa de Dios", devino después *Beith-Lehem*, "casa del pan", la ciudad donde nació Cristo[151]; la relación simbólica que existe entre la piedra y el pan sería por lo demás muy digna de atención[152]. Lo que

---

[150] *Génesis*, XXVIII, 16-19.

[151] Por lo demás, se observará la similitud fonética de *Beith-Lehem* con la forma *Beith-Elohim*, que figura también en el texto del *Génesis*.

[152] "Y el tentador, acercándose, dijo a Jesús: Si tú eres el Hijo de Dios, ordena que estas piedras devengan panes" (*San Mateo*, IV, 3; *San Lucas*, IV, 3). Estas palabras tienen un sentido misterioso, en relación con lo que indicamos aquí: Cristo debía cumplir una semejante transformación, pero espiritualmente, y no materialmente como le pedía el tentador; ahora bien, el orden espiritual es análogo al orden material, pero en sentido inverso, y la marca del demonio es tomar todas las cosas al revés. Es Cristo mismo quien, como manifestación del Verbo, es "el pan vivo descendido del Cielo",

es menester precisar todavía, es que el nombre de *Beith-El* no se aplica solo al lugar, sino también a la piedra misma: "Y esta piedra, que he erigido como un pilar, será la casa de Dios"[153]. Así pues, es esta piedra la que debe ser propiamente el "habitáculo Divino" (*mishkan*), según la designación que se daría más tarde al Tabernáculo, es decir, la sede de la *Shekinah*; todo esto se vincula naturalmente a la cuestión de las "influencias espirituales" (*berakoth*), y, cuando se habla del "culto de las piedras", que fue común a tantos pueblos antiguos, es menester comprender bien que este culto no se dirigía a las piedras, sino a la Divinidad de la que eran residencia.

La piedra que representa el *Omphalos* podía tener la forma de un pilar, como la piedra de Jacob; es muy probable que, entre los pueblos célticos, algunos menhires tuvieran esta significación; y los oráculos se daban junto a estas piedras, como en Delfos, lo que se explica fácilmente desde que eran consideradas como la morada de la

---

de donde la respuesta: "No sólo de pan vive el hombre, sino de toda palabra que sale de la boca de Dios"; y es este pan el que, en la "Nueva Alianza", debía sustituir a la piedra como "casa de Dios"; y, agregaremos también, que es esto por lo que los oráculos han cesado. A propósito de este pan que se identifica a la "carne" del Verbo manifestado, puede ser interesante señalar también que la palabra árabe *lahm*, que es la misma que el hebreo *lehem*, tiene precisamente la significación de "carne" en lugar de la de "pan".

[153] *Génesis*, XXVIII, 22.

Divinidad; por lo demás, la "casa de Dios" se identifica naturalmente al "Centro del Mundo". El *Omphalos* podía ser representado también por una piedra de forma cónica, como la piedra negra de Cybeles, u ovoide; el cono recordaba la montaña sagrada, símbolo del "Polo" o del "Eje del Mundo"; en cuanto a la forma ovoide, se refiere directamente a otro símbolo muy importante, el del "Huevo del Mundo"[154]. Es menester agregar también que, si el *Omphalos* era representado lo más habitualmente por una piedra, también ha podido serlo a veces por un montículo, una suerte de túmulo, que es todavía una imagen de la montaña sagrada; así, en China, en el centro de cada reino o Estado feudal, se elevaba antaño un montículo en forma de pirámide cuadrangular, formado con la tierra de las "cinco regiones": las cuatro caras correspondían a los cuatro puntos cardinales, y la cima al

---

[154] A veces, y en particular sobre algunos *omphaloi* griegos, la piedra estaba rodeada por una serpiente; se ve también esta serpiente enrollada en la base o en la cima de los mojones caldeos, que deben ser considerados como verdaderos "bétulos". Por lo demás, el símbolo de la piedra, como el del árbol (otra figura del "Eje del Mundo"), está, de una manera general, en estrecha conexión con el de la serpiente; y es lo mismo para el huevo, concretamente en los Celtas y los Egipcios. — Un ejemplo destacable de figuración del *Omphalos* es el "bétulo" de Kermaria, cuya forma general es la de un cono irregular, redondeado en la cima, y del que una de cuyas caras lleva el signo del *swastika*. M. J. Loth, en el estudio que hemos citado más atrás, ha dado fotografías de este "bétulo", así como de algunas otras piedras del mismo género.

centro mismo[155]. Cosa singular, vamos a encontrar estas "cinco regiones" en Irlanda, donde la "piedra en pie del jefe" estaba, de una manera semejante, elevada en el centro de cada dominio[156].

En efecto, es Irlanda el que, entre los países célticos, proporciona el mayor número de datos relativos al *Omphalos*; antaño estaba dividida en cinco reinos, de los cuales uno llevaba el nombre de *Mide* (que permanece bajo la forma anglicisada de *Meath*), que es la antigua palabra céltica *medion*, "medio", idéntico al latín *medius*[157]. Este reino *Mide*, que había sido formado de porciones sacadas de los territorios de los otros cuatro, había devenido el patrimonio propio del rey supremo de Irlanda, al que los otros reyes estaban subordinados[158]. En Ushnagh, que representa bastante exactamente el centro del país, estaba erigida una piedra gigantesca llamada "ombligo de la Tierra", y designada también bajo el nombre de "piedra de las porciones" (*ailna-meeran*),

---

[155] El número 5 tiene, en la tradición china, una importancia simbólica muy particular.

[156] *Brehon Laws*, citadas por J. Loth.

[157] Se observará que la China es designada también bajo el nombre de "Imperio del Medio".

[158] La capital del reino de *Mide* era *Tara*; ahora bien, en sánscrito, el término *Târâ* significa "estrella" y designa más particularmente a la estrella polar.

porque marcaba el lugar donde convergían, en el interior del reino de *Mide*, las líneas separativas de los cuatro reinos primitivos. Allí se tenía anualmente, el primero de mayo, una asamblea general enteramente comparable a la reunión anual de los Druidas en el "lugar consagrado central" (*medio-lanon* o *medio-nemeton*) de la Galia, en el país de los Carnutos; y aquí se impone igualmente la aproximación con la asamblea de los Anfictiones en Delfos.

Esta división de Irlanda en cuatro reinos, más la región central que era la residencia del jefe supremo, se vincula a tradiciones extremadamente antiguas. En efecto, por esta razón, Irlanda fue llamada la "isla de los cuatro Señores"[159], pero esta denominación, lo mismo que la de "isla verde" (*Erin*), se aplicaba anteriormente a otra tierra mucho más septentrional, hoy día desconocida, quizás desaparecida, *Ogygia* o antes *Thulé*, que fue uno de los principales centros espirituales, si no incluso el centro supremo de un cierto periodo. El recuerdo de esta "isla de los cuatro Señores" se encuentra hasta en la tradición china, lo que parece no haber sido precisado nunca; he aquí un texto taoísta que da fe de ello: "El emperador Yao se esforzó mucho, y se imaginó haber reinado idealmente

---

[159] El nombre de San Patricio, que no se conoce de ordinario más que bajo su forma latinizada, era originariamente *Cothraige*, que significa "el servidor de los cuatro".

bien. Después de que hubo visitado a los cuatro Señores, en la lejana isla de *Kou-chee* (habitada por "hombres verdaderos", *tchenn-jen*, es decir, hombres reintegrados al "estado primordial"), reconoció que lo había estropeado todo. El ideal, es la indiferencia (o más bien el desapego, en la actividad "no actuante") del sobre-hombre[160], que deja girar la rueda cósmica"[161]. Por otra parte, los "cuatro Señores" se identifican a los cuatro *Mahârâjas* o "grandes reyes" que, según las tradiciones de la India y del Tíbet, presiden en los cuatro puntos cardinales[162]; corresponden al mismo tiempo a los elementos: el Señor supremo, el quinto, que reside en el centro, sobre la montaña sagrada, representa entonces el Éther (*Akâsha*), la "quintaesencia" (*quintaessentia*) de los hermetistas, el elemento primordial del que proceden los otros cuatro[163]; y

---

[160] Puesto que el "hombre verdadero" está colocado en el centro, ya no participa en el movimiento de las cosas, sino que, en realidad, dirige este movimiento por su sola presencia, porque en él se refleja la "Actividad del Cielo".

[161] *Tchoang-Tseu*, cap. I; traducción del P. L. Wieger, p. 213. — Se dice que el emperador Yao reinó en el año 2356 antes de Cristo.

[162] Se podría hacer también aquí una aproximación con los cuatro *Awtâd* del esoterismo islámico.

[163] En las figuras cruciales, tales como el *swastika*, este elemento primordial está representado igualmente por el punto central, que es el Polo; los otros cuatro elementos, así como los cuatro puntos cardinales, corresponden a los cuatro brazos de la cruz, que simbolizan por otra parte el cuaternario en

tradiciones análogas se encuentran también en la América central.

---

todas sus aplicaciones.

CAPÍTULO X

NOMBRES Y REPRESENTACIONES SIMBÓLICAS DE LOS CENTROS ESPIRITUALES

En lo que concierne a la "región suprema", podríamos citar todavía muchas otras tradiciones concordantes; hay concretamente, para designarla, otro nombre, probablemente más antiguo que el de *Paradêsha*: este nombre es el de *Tula*, de donde los griegos hicieron *Thulé*; y, como acabamos de verlo, esta *Thulé* era verosímilmente idéntica a la primitiva "isla de los cuatro Señores". Por lo demás, es menester observar que el mismo nombre de *Tula* ha sido dado a regiones muy diversas, puesto que, todavía hoy, se le encuentra tanto en Rusia como en América central; sin duda se debe pensar que cada una de estas regiones fue, en una época más o menos lejana, la sede de un poder espiritual que era como una emanación del poder espiritual de la *Tula* primordial. Se sabe que la *Tula* mexicana debe su origen a los Toltecas; éstos, se dice, venían de *Aztlan*, literalmente "la tierra en medio de las aguas", que, evidentemente, no es otra que la Atlántida, y los mismos habían traído este nombre de *Tula* de su país de origen; el centro al que dieron este nombre debió reemplazar probablemente, en una cierta medida, al centro del continente desaparecido[164]. Pero, por otra parte, es menester distinguir la *Tula* atlante de la *Tula* hyperbórea, ya que es esta última la que, en realidad, representa el centro primero y supremo para el conjunto del *Manvantara* actual; es esta *Tula* hyperbórea la que fue la "isla sagrada" por excelencia, y, así como lo decíamos más atrás, su situación era literalmente polar en el origen. Todas las otras "islas sagradas", que son designadas por todas partes por nombres de significación idéntica, no fueron más que imágenes de aquella; y esto se aplica incluso al centro espiritual de la tradición atlante, que no rigió más que un ciclo histórico secundario, subordinado al *Manvantara*[165].

La palabra *Tula*, en sánscrito, significa "balanza", y designa en particular el signo zodiacal de este nombre; pero, según una tradición china, la Balanza celeste ha sido

---

[164] El signo ideográfico de *Aztlan* o de *Tula* era la garza blanca; la garza y la cigüeña desempeñan en Occidente el mismo papel que el ibis en Oriente, y estos tres pájaros figuran entre los emblemas de Cristo; el ibis era, entre los egipcios, uno de los símbolos del *Thoth*, es decir, de la Sabiduría.

[165] Una gran dificultad, para determinar de una manera precisa el punto de unión de la tradición atlante con la tradición hiperbórea, proviene de ciertas substituciones de nombres que pueden dar lugar a múltiples confusiones; pero la cuestión, a pesar de todo, no es quizás enteramente insoluble.

primitivamente la Osa Mayor[166]. Esta precisión es de la mayor importancia, ya que el simbolismo que se vincula a la Osa Mayor está ligado naturalmente de la manera más estrecha al del Polo[167]; no podemos extendernos aquí sobre esta cuestión que requeriría ser tratada en un estudio particular[168]. Habría lugar a examinar también la relación que puede existir entre la Balanza polar y la Balanza zodiacal; por lo demás, esta última se considera como el "signo del Juicio", y lo que hemos dicho precedentemente de la balanza como atributo de la Justicia, a propósito de *Melki-Tsedeq*, puede hacer

---

[166] La Osa Mayor habría sido llamada incluso "Balanza de Jade", y el jade es un símbolo de perfección. En otros pueblos, la Osa Mayor y la Osa Menor han sido asimiladas a los dos platos de una balanza. — Esta balanza simbólica no carece de relación con la que se trata en el *Siphra di-Tseniutha* (el "Libro del Misterio", sección del *Zohar*): la misma está "suspendida en un lugar que no es", es decir, en lo "no manifestado", que el punto polar representa para nuestro mundo; por lo demás, se puede decir que es sobre el Polo donde reposa efectivamente el equilibrio de este mundo.

[167] La Osa Mayor es, en la India, el *sapta-riksha*, es decir, la mansión simbólica de los siete *Rishis*; esto es naturalmente conforme con la tradición hyperbórea, mientras que, en la tradición atlante, la Osa Mayor es reemplazada en este papel por las Pléyades, que están igualmente formadas por siete estrellas; por lo demás, se sabe que, para los griegos, las Pléyades eran hijas de *Atlas* y, como tales, llamadas también *Atlántidas*.

[168] Es curioso anotar también, en conexión con lo que hemos dicho más atrás de la asimilación fonética entre *Mêru* y *mêros*, que, en los antiguos Egipcios, la Osa Mayor era llamada la constelación del Muslo.

comprender que su nombre haya sido la designación del Centro espiritual supremo.

Tula es llamada también la "isla blanca", y ya hemos dicho que este color es el que representa a la autoridad espiritual; en las tradiciones americanas, *Aztlan* tiene por símbolo una montaña blanca, pero esta figuración se aplicaba primero a la *Tula* hyperbórea y a la "montaña polar". En la India, la "isla blanca" (*Shwêta-dwîpa*), a la que se coloca generalmente en las lejanas regiones del Norte[169], se considera como la "morada de los Bienaventurados", lo que la identifica claramente a la "Tierra de los Vivos"[170]. No obstante, hay una excepción notable: las tradiciones célticas hablan sobre todo de la "isla verde" como la "isla de los Santos" o la "isla de los Bienaventurados"[171]; pero en el centro de esa isla se eleva

---

[169] El *Shwêta-dwîpa* es una de las dieciocho subdivisiones del *Jambu-dwîpa*.

[170] Esto recuerda igualmente las "Islas afortunadas" de la antigüedad occidental; pero estas islas estaban situadas al Oeste (el "jardín de las Hespérides": *hesper* en griego, *vesper* en latín, son la tarde, es decir, el Occidente), lo que indica una tradición de origen atlante, y lo que, por otra parte, puede hacer pensar también en el "Cielo Occidental" de la tradición tibetana.

[171] El nombre de "isla de los Santos", así como el de "isla verde", ha sido aplicado ulteriormente a Irlanda, e incluso a Inglaterra. — Señalamos igualmente el nombre de isla de *Heligoland*, que tiene la misma significación.

la "montaña blanca", que no ha sido, se dice, sumergida por ningún diluvio[172], y cuya cima es de color púrpura[173]. Esta "montaña del Sol", como también se llama, es lo mismo que el *Mêru*: éste, que es también la "montaña blanca", ésta rodeado de un cinturón verde por el hecho de que está situado en medio del mar[174], y en su cima brilla el triángulo de la luz.

A la designación de centros espirituales como la "isla blanca" (designación que, lo recordamos todavía, ha podido aplicarse como todas las demás a centros secundarios, y no únicamente al centro supremo al cual convenía en primer lugar), es menester vincular los nombres de lugares, regiones, o ciudades, que expresan igualmente la idea de blancura. Existe un gran número de ellas, de Albión a Albania pasando por Alba la larga, la

---

[172] Ya hemos señalado las tradiciones similares que conciernen al Paraíso terrestre. — En el esoterismo islámico, la "isla verde" (*el-jezirah el-khadrah*) y la "montaña blanca" (*el-jabal el-abiod*) también se conocen, aunque se habla muy poco de ellas en el exterior.

[173] Se reencuentran aquí los tres colores herméticos: verde, blanco y rojo, de los que hemos hablado en *El Esoterismo de Dante*.

[174] Por otra parte, a veces se trata de un cinturón con los colores del arcoiris, que puede ser aproximado al echarpe de Iris; Saint-Yves hace alusión a él en su *Mission de l'Inde*, y la misma cosa se encuentra en las visiones de Anne-Catherine Emmerich. — A este respecto, uno se remitirá a lo que hemos dicho precedentemente sobre el simbolismo del arcoiris, así como sobre los siete *dwîpas*.

ciudad madre de Roma, y las otras ciudades antiguas que han podido llevar el mismo nombre[175]; en los griegos, el nombre de la ciudad de Argos tiene la misma significación[176]; y la razón de estos hechos aparecerá más claramente por lo que diremos un poco más adelante.

Hay que hacer todavía una precisión sobre la representación del centro espiritual como una isla, que encierra por lo demás la "montaña sagrada", ya que, al mismo tiempo que una tal localización ha podido existir efectivamente (aunque todas las "Tierras Santas" no sean islas), debe tener también una significación simbólica. Los hechos históricos mismos, y sobre todo los de la historia sagrada, traducen en efecto a su manera verdades de

---

[175] Por lo demás, hay que aproximar el latín *albus*, "blanco", al hebreo *laban*, que tiene el mismo sentido, y cuyo femenino *Lebanah* sirve para designar la Luna; en latín, *Luna* puede significar a la vez "blanca" y "luminosa", y ambas ideas están conexas.

[176] Entre el adjetivo *argos*, "blanco" y el nombre de la ciudad, no hay más que una simple diferencia de acentuación; el nombre de la ciudad es neutro, y este mismo nombre en masculino es el de Argus. Se puede pensar aquí en la nave *Argo* (de la que se dice que fue construida por Argus, y cuyo mástil estaba hecho de un roble del bosque de Dodona); en este último caso, la palabra puede significar igualmente "rápido", puesto que la rapidez se considera como un atributo de la luz (y especialmente del relámpago), pero el primer sentido es "blancura", y por consiguiente "luminosidad". — De la misma palabra deriva también el nombre de la plata, que es el metal blanco y que corresponde astrológicamente a la Luna; el latín *argentum* (plata) y el griego *arguros* tienen visiblemente una raíz idéntica.

orden superior, en razón de la ley de correspondencia que es el fundamento mismo del simbolismo, y que une a todos los mundos en la armonía total y universal. La idea que evoca la representación de que se trata es esencialmente la de "estabilidad", idea que hemos indicado precisamente como característica del Polo: la isla permanece inmutable en medio de la agitación incesante de las olas, agitación que es una imagen de la del mundo exterior; y es menester haber atravesado el "mar de las pasiones" para llegar al "Monte de la Salvación", al "Santuario de la Paz"[177].

---

[177] "El *Yogî*, habiendo atravesado el mar de las pasiones, está unido con la Tranquilidad y posee el "Sí mismo" en su plenitud, dice Shankarâchârya (*Atmâ-Bhoda*). Las pasiones se toman aquí para designar todas las modificaciones contingentes y transitorias que constituyen la "corriente de las formas": ese es el dominio de las "aguas inferiores", según el simbolismo común a todas las tradiciones. Por eso es por lo que la conquista de la "Gran Paz" es frecuentemente representada bajo la figura de una navegación (y ésta es una de las razones por las que la barca, en el simbolismo católico, representa a la Iglesia); a veces es representada también bajo la forma de una guerra, y la *Bhagavad-Gîtâ* puede ser interpretada en este sentido, de igual modo que se podría desarrollar, bajo este punto de vista, la teoría de la "guerra santa" (*jihâd*) según la doctrina islámica. — Agregaremos que "caminar sobre las aguas" simboliza la dominación del mundo de las formas y del cambio: *Vishnu* es llamado *Nârâyana*, "El que camina sobre las aguas"; se impone una aproximación con el Evangelio, donde se ve precisamente a Cristo caminar sobre las aguas.

CAPÍTULO XI

LOCALIZACIÓN DE LOS CENTROS ESPIRITUALES

En lo que precede, hemos dejado casi enteramente de lado la cuestión de la localización efectiva de la "región suprema", cuestión muy compleja, y por lo demás completamente secundaria desde el punto de vista en que hemos querido colocarnos. Parece que haya lugar a considerar varias localizaciones sucesivas, correspondientes a diferentes ciclos, subdivisiones de otro ciclo más extenso que es el *Manvantara*; por lo demás, si se considera el conjunto de éste poniéndose en cierto modo fuera del tiempo, habría que considerar un orden jerárquico entre estas localizaciones, orden que corresponde a la constitución de formas tradicionales que no son en suma más que adaptaciones de la tradición principal y primordial que domina todo el *Manvantara*. Por otra parte, recordaremos todavía una vez más que puede también haber simultáneamente, además del centro principal, varios centros que se vinculan a él y que son como otras tantas imágenes suyas, lo que es una fuente de confusiones bastante fáciles de cometer, tanto más cuanto que estos centros secundarios, al ser más exteriores, son por eso mismo más visibles que el centro supremo[178].

Sobre este último punto, ya hemos hecho notar en particular la similitud de Lhassa, centro del Lamaísmo, con el *Agarttha*; agregaremos ahora que, incluso en Occidente, se conocen todavía al menos dos ciudades cuya disposición topográfica presenta particularidades que, en el origen, han tenido una razón de ser semejante: Roma y Jerusalém (y ya hemos visto más atrás que esta última era efectivamente una imagen visible de la misteriosa *Salem* de *Melki-Tsedeq*). En efecto, así como ya lo hemos indicado más atrás, había en la antigüedad lo que se podría llamar una geografía sagrada, o sacerdotal, y la posición de las ciudades y de los templos no era arbitraria, sino determinada según leyes muy precisas[179]; por esta observación se pueden presentir los lazos que unían el "arte sacerdotal" y el "arte real" al arte de los

---

[178] Según la expresión que Saint-Yves toma al simbolismo del Tarot, el centro supremo es, entre los demás centros, como "el cero cerrado de los veintidós arcanos".

[179] El *Timeo* de Platón parece contener, bajo una forma velada, algunas alusiones a la ciencia de que se trata.

constructores[180], así como las razones por las que las antiguas corporaciones estaban en posesión de una verdadera tradición iniciática[181]. Por lo demás, entre la fundación de una ciudad y la constitución de una doctrina (o de una nueva forma tradicional, por adaptación a condiciones definidas de tiempo y de lugar), había una relación tal que la primera era frecuentemente tomada para simbolizar a la segunda[182]. Naturalmente, se debía recurrir a precauciones especiales cuando se trataba de fijar el emplazamiento de una ciudad que estaba destinada a devenir, bajo una relación u otra, la metrópoli de toda una parte del mundo; y los nombres de las ciudades, así como lo que se refiere a las circunstancias de su

---

[180] Se recordará aquí lo que hemos dicho del título de *Pontifex*; por otra parte, la expresión de "arte real" ha sido conservada por la Masonería moderna.

[181] En los Romanos, *Janus* era a la vez el dios de la iniciación a los Misterios y el de las corporaciones de artesanos (*Collegia fabrorum*); hay en esta doble atribución un hecho particularmente significativo.

[182] Citaremos como ejemplo el símbolo de Anfión al construir los muros de Thebas con los sonidos de su lyra; se verá enseguida lo que indica el nombre de esta ciudad de Thebas. Se sabe cuánta importancia tenía la lyra en el Orfismo y el Pitagorismo; hay que indicar que, en la tradición china, se trata frecuentemente de instrumentos de música que desempeñan un papel similar, y es evidente que lo que se dice de ellos debe entenderse simbólicamente.

fundación, merecerían ser examinados cuidadosamente bajo este punto de vista[183].

Sin extendernos sobre estas consideraciones que no se refieren más que indirectamente a nuestro tema, diremos también que un centro del género de aquellos de los que acabamos de hablar existía en Creta en la época prehelénica[184], y que parece que Egipto haya contado con varios de ellos, probablemente fundados en épocas sucesivas, como Menfis y Thebas[185]. El nombre de esta

---

[183] En lo que concierne a los nombres, se habrán podido encontrar algunos ejemplos en lo que precede, concretamente para aquellos que se vinculan a la idea de blancura, y vamos a indicar todavía algunos otros. Habría que decir mucho también sobre los objetos sagrados a los cuales estaban ligadas, en algunos casos, el poder y la conservación misma de la ciudad: tal era el legendario *Palladium* de Troya; tales eran también, en Roma, los escudos de los Salios (de los que se decía que habían sido tallados en un aerolito de los tiempos de *Numa*; el Colegio de los Salios se componía de doce miembros); estos objetos eran soportes de "influencias espirituales" como el Arca de la Alianza en los hebreos.

[184] El nombre de *Minos* es por sí mismo una indicación suficiente a este respecto, como el de *Ménès* en lo que concierne a Egipto; remitimos también, en cuanto a Roma, a lo que hemos dicho de *Numa*, y recordaremos la significación del de *Shlomoh* para Jerusalem. — A propósito de Creta, señalamos de pasada el uso del *Laberinto*, como símbolo característico, por los constructores de la edad media; lo más curioso es que el recorrido del Laberinto trazado sobre el enlosado de algunas iglesias era considerado como reemplazando al peregrinaje a Tierra Santa para aquellos que no podían cumplirlo.

[185] Se ha visto también que Delfos había desempeñado este papel para

última ciudad, que fue también el de una ciudad griega, debe retener más particularmente nuestra atención, como designación de centros espirituales, en razón de su identidad manifiesta con el de la *Thebah* hebraica, es decir, con el del Arca del diluvio. Éste es también una representación del centro supremo, considerado especialmente en tanto que asegura la conservación de la tradición, en el estado de repliegue en cierto modo[186], en el periodo transitorio que es como el intervalo de dos ciclos y que está marcado por un cataclismo cósmico que destruye el estado anterior del mundo para hacer lugar a

---

Grecia; su nombre evoca el del delfín, cuyo simbolismo es muy importante. — Otro nombre destacable es Babilonia: *Bab-Ilu* significa "puerta del Cielo", lo que es una de las cualificaciones aplicadas por Jacob a *Luz*; por lo demás, puede tener también el sentido de "casa de Dios", como *Beith-El*; pero deviene sinónimo de "confusión" (Babel) cuando se pierde la tradición: es entonces la inversión del símbolo, la *Janua Inferni* que toma el lugar de la *Janua Coeli*.

[186] Este estado es asimilable al que representa para el comienzo de un ciclo el "Huevo del Mundo", que contiene en germen todas las posibilidades que se desarrollarán en el curso del ciclo; el Arca contiene del mismo modo todos los elementos que servirán a la restauración del mundo, y que son así los gérmenes de su estado futuro.

un estado nuevo[187]. El papel del *Noah* bíblico[188] es semejante al que desempeña en la tradición hindú *Satyavrata*, que deviene después, bajo el nombre de *Vaivaswasta*, el *Manu* actual; pero hay que destacar que, mientras que esta última tradición se refiera así al comienzo del presente *Manvantara*, el diluvio bíblico marca solo el comienzo de otro ciclo más restringido, comprendido en el interior de este mismo *Manvantara*[189]; no se trata del mismo acontecimiento, sino solo de dos acontecimientos análogos entre ellos[190].

Lo que es también muy digno de ser notado aquí, es la relación que existe entre el simbolismo del Arca y el del

---

[187] Es también una de las funciones del "Pontificado" asegurar el paso o la transmisión tradicional de un ciclo a otro; la construcción del Arca tiene aquí el mismo sentido que la de un puente simbólico, ya que ambos están destinados igualmente a permitir el "paso de las aguas", que tiene por lo demás significaciones múltiples.

[188] Se observará también que Noé es designado como habiendo sido el primero que plantó la viña (*Génesis*, IX, 20), hecho que hay que aproximar a lo que hemos dicho más atrás sobre la significación simbólica del vino y su papel en los ritos iniciáticos, a propósito del sacrificio de Melquisedek.

[189] Una de las significaciones históricas del diluvio bíblico puede ser aproximada al cataclismo en el que desapareció la Atlántida.

[190] La misma observación se aplica naturalmente a todas las tradiciones diluvianas que se encuentran en un gran número de pueblos; las hay que conciernen a ciclos todavía más particulares, y es concretamente el caso, en los griegos, de los diluvios de *Deucalion* y de *Ogygès*.

arcoiris, relación que está sugerida, en el texto bíblico, por la aparición de este último después del diluvio, como signo de la alianza entre Dios y las criaturas terrestres[191]. El Arca, durante el cataclismo, flota sobre el Océano de las aguas inferiores; el arcoiris, en el momento que marca el restablecimiento del orden y la renovación de todas las cosas, aparece "en la nube", es decir, en la región de las aguas superiores. Por consiguiente, se trata de una relación de analogía en el sentido más estricto de esta palabra, es decir, que las dos figuras son inversas y complementarias la una de la otra: la convexidad del Arca está vuelta hacia abajo, la del arcoiris hacia arriba, y su reunión forma una figura circular o cíclica completa, figura de la que son como las dos mitades[192]. Esta figura

---

[191] *Génesis* IX, 12-17.

[192] Estas dos mitades corresponden a las del "Huevo del Mundo" como las "aguas superiores" y las "aguas inferiores" mismas; durante el periodo de trastorno, la mitad superior ha devenido invisible, y es en la mitad inferior donde se produce entonces lo que Fabre d´Olivet denomina el "amontonamiento de las especies". — Las dos figuras complementarias en cuestión, bajo un cierto punto de vista, pueden ser asimiladas también a dos crecientes lunares vueltos en sentido inverso (siendo uno como el reflejo del otro y su simétrico en relación a la línea de separación de las aguas), lo que se refiere al simbolismo de *Janus*, uno de cuyos emblemas es el navío. Se observará también que hay una suerte de equivalencia simbólica entre el creciente, la copa y el navío, y que la palabra "bajel" sirve para designar a la vez a estas dos últimas (el "Santo Bajel" es una de las denominaciones más habituales del *Grial* en la edad media).

estaba en efecto completa en el comienzo del ciclo: es la sección vertical de una esfera cuya sección horizontal es representada por el recinto circular del Paraíso terrestre[193]; y éste está dividido por una cruz que forman los cuatro ríos salidos de la "montaña polar"[194]. La reconstitución debe operarse al final del mismo ciclo; pero entonces, en la figura de la Jerusalem celeste, el círculo está reemplazado por un cuadrado[195], y esto indica la

---

[193] Esta esfera es también el "Huevo del Mundo"; el Paraíso terrestre se encuentra en el plano que le divide en sus dos mitades superior e inferior, es decir, en el límite del Cielo y de la Tierra.

[194] Los kabbalistas hacen corresponder a estos cuatro ríos las cuatro letras que forman en hebreo la palabra *Pardés*; ya hemos señalado en otra parte su relación analógica con los cuatro ríos de los Infiernos (Ver *El Esoterismo de Dante*, ed. francesa de 1957, p. 63).

[195] Este reemplazo corresponde al del simbolismo vegetal por el simbolismo mineral, reemplazo cuya significación ya hemos indicado en otra parte (*El Esoterismo de Dante*, ed. francesa de 1957, p. 67). — Las doce puertas de la Jerusalem celeste corresponden naturalmente a los doce signos del Zodiaco, así como a las doce tribus de Israel; así pues, se trata de una transformación del ciclo zodiacal, consecutiva a la detención de la rotación del mundo y a su fijación en un estado final que es la restauración del estado primordial, cuando esté acabada la manifestación sucesiva de las posibilidades que éste contenía.

El "Arbol de la Vida", que estaba en el centro del Paraíso terrestre, está igualmente en el centro de la Jerusalem celeste, y aquí tiene doce frutos; éstos presentan una cierta similitud con los doce *Adityas*, como el "Árbol de la Vida" mismo la tiene con *Aditi*, la esencia única e indivisible de la que han salido.

realización de lo que los hermetistas designaban simbólicamente como la "cuadratura del círculo": la esfera, que representa el desarrollo de las posibilidades por la expansión del punto primordial y central, se transforma en un cubo cuando este desarrollo está acabado y cuando se alcanza el equilibrio final para el ciclo considerado[196].

---

[196] Se podría decir que la esfera y el cubo corresponden aquí respectivamente a los dos puntos de vista dinámico y estático; las seis caras del cubo están orientadas según las tres dimensiones del espacio, como los seis brazos de la cruz trazada a partir del centro de la esfera. — En lo que concierne al cubo, será fácil hacer una aproximación con el símbolo masónico de la "piedra cúbica", que se refiere igualmente a la idea de acabado y de perfección, es decir, a la realización de la plenitud de las posibilidades implicadas en un cierto estado.

CAPÍTULO XII

ALGUNAS CONCLUSIONES

Del testimonio concordante de todas las tradiciones, se desprende muy claramente una conclusión: es la afirmación de que existe una "Tierra Santa" por excelencia, prototipo de todas las demás "Tierras Santas", centro espiritual al que todos los demás centros están subordinados. La "Tierra Santa" es también la "Tierra de los Santos", la "Tierra de los Bienaventurados", la "Tierra de los Vivos", la "Tierra de la Inmortalidad"; todas estas expresiones son equivalentes, y es menester agregar todavía la de "Tierra Pura"[197], que Platón aplica precisamente a la "morada de

---

[197] Entre las escuelas búdicas que existen en Japón, hay una, la de *Giô-dô*, cuyo nombre se traduce por "Tierra Pura"; esto recuerda, por otra parte, la denominación islámica de los "Hermanos de la Pureza" (*Ikhwân Es-Safâ*), sin hablar de los *Cátharos* de la edad media occidental, cuyo nombre significa "puros". Por lo demás, es probable que la palabra *Sûfî*, que designa a los iniciados musulmanes (o más precisamente a los que han llegado a la meta final de la iniciación, de igual modo que los *Yogîs* en la tradición hindú), tenga exactamente la misma significación; en efecto, la etimología vulgar, que le hace derivar de *sûf*, "lana" (de la que habría estado hecha la vestimenta que llevaban los *Sûfîs*), es muy poco satisfactoria, y la explicación

los Bienaventurados"[198]. Esta morada se sitúa habitualmente en un "mundo invisible"; pero, si se quiere comprender de qué se trata, es menester no olvidar que ocurre lo mismo con las "jerarquías espirituales" de que hablan también todas las tradiciones, y que representan en realidad grados de iniciación[199].

En el periodo actual de nuestro ciclo terrestre, es decir, en el *Kali-Yuga*, esta "Tierra Santa" defendida por "guardianes" que la ocultan a las miradas profanas asegurando no obstante algunas relaciones exteriores, es

---

por el griego *sophos*, "sabio", aunque parece más aceptable, tiene el inconveniente de hacer llamada a un término extraño a la lengua árabe; así pues, pensamos que es menester admitir de preferencia la interpretación que hace venir *Sûfî* de *safâ*, "pureza".

[198] La descripción simbólica de esta "Tierra Pura" se encuentra hacia el final del *Phédon* (traducción de Mario Meunier, pp. 285-289); ya se ha precisado que se puede establecer una especie de paralelo entre esta descripción y la que hace Dante del Paraíso terrestre (John Stewart, *The Myths of Plato*, pp. 101-113).

[199] Por lo demás, los diversos mundos son propiamente estados, y no lugares, aunque puedan ser descritos simbólicamente como tales; la palabra sánscrita *loka*, que sirve para designarlos, y que es idéntica al latín *locus*, encierra en ella misma la indicación de este simbolismo espacial. Existe también un simbolismo temporal, según el cual estos mismos estados son descritos bajo la forma de ciclos sucesivos, aunque el tiempo, tanto como el espacio, no sea en realidad más que una condición propia a uno de entre ellos, de suerte que la sucesión no es aquí más que la imagen de un encadenamiento causal.

en efecto invisible, inaccesible, pero solo para aquellos que no poseen las cualificaciones requeridas para penetrar en ella. Ahora bien, su localización en una región determinada, ¿debe considerarse, como literalmente efectiva, o solo como simbólica, o es a la vez lo uno y lo otro? A esta cuestión, responderemos simplemente que, para nos, los hechos geográficos mismos, y también los hechos históricos, tienen, como todos los demás, un valor simbólico, que por lo demás, evidentemente, no les quita nada de su realidad propia en tanto que hechos, sino que les confiere, además de esta realidad inmediata, una significación superior[200].

No pretendemos haber dicho todo lo que habría que decir sobre el tema al que se refiere el presente estudio, lejos de eso, y las aproximaciones mismas que hemos establecido podrán sugerir ciertamente muchas otras; pero, a pesar de todo, hemos dicho de él ciertamente mucho más de lo que se había hecho hasta aquí, y algunos

---

[200] Esto puede ser comparado a la pluralidad de los sentidos según los cuales se interpretan los textos sagrados, y que, lejos de oponerse o de excluirse se completan y se armonizan al contrario en el conocimiento sintético integral. — Desde el punto de vista que indicamos aquí, los hechos históricos corresponden a un simbolismo temporal, y los hechos geográficos a un simbolismo espacial; por lo demás, entre los unos y los otros hay un lazo o una correlación necesaria, como entre el tiempo y el espacio mismos, y es por eso por lo que la localización del centro espiritual puede ser diferente según los periodos considerados.

quizás estén tentados de reprochárnoslo. No obstante, no pensamos que esto sea demasiado, y estamos persuadido incluso de que no hay nada en ello que no deba ser dicho, ello, aunque estemos menos dispuesto que nadie a contestar que haya lugar a considerar una cuestión de oportunidad cuando se trata de exponer públicamente algunas cosas de un carácter un poco desacostumbrado. Sobre esta cuestión de oportunidad, podemos limitarnos a una breve observación: es que, en las circunstancias en medio de las cuales vivimos al presente, los acontecimientos se desenvuelven con una tal rapidez que muchas cosas cuyas razones no aparecen todavía inmediatamente podrían encontrar, y más pronto de lo que nadie estaría tentado a creerlo, aplicaciones bastante imprevistas, si no enteramente imprevisibles. Queremos abstenernos de todo lo que, de cerca o de lejos, recuerde "profecías"; pero no obstante tenemos que citar aquí, para terminar, esta frase de Joseph de Maistre[201], que es todavía más verdadera hoy que hace un siglo: "Es menester estar preparados para un acontecimiento inmenso en el orden

---

[201] *Soirées de Saint-Pétersbourg*, 11ª conversación. — Para evitar toda apariencia de contradicción con la cesación de los oráculos a la que hemos aludido más atrás, y que Plutarco ya había observado, apenas hay de necesidad de hacer observar que esta palabra "oráculos" es tomada por Joseph de Maistre en un sentido muy amplio, el que se le da frecuentemente en el lenguaje corriente, y no en el sentido propio y preciso que tenía en la antigüedad.

divino, hacia el que marchamos con una velocidad acelerada que debe sorprender a todos los observadores. Oráculos temibles anuncian que los tiempos ya han llegado".

Otros libros de René Guénon

En nuestra época hay muchas otras "contraverdades" que es bueno combatir...

Entre todas las doctrinas "neoespiritualistas", el espiritismo es ciertamente la más extendida

« Porque todo lo que existe de alguna manera, incluso el error, necesariamente tiene su razón de ser »

... y el desorden en sí mismo debe encontrar su lugar entre los elementos del orden universal

«A menudo nos concentramos en los errores y confusiones que se hacen sobre la iniciación...»

Somos conscientes del grado de degeneración al que ha llegado el Occidente moderno ...

René Guénon

OMNIA VERITAS LTD PRESENTA:
RENÉ GUÉNON
EL TEOSOFISMO
HISTORIA DE UNA SEUDORELIGIÓN

"Nuestra meta, decía entonces Mme Blavatsky, no es restaurar el hinduismo, sino barrer al cristianismo de la faz de la tierra"

El término teosofía sirvió como una denominación común para una variedad de doctrinas

Omnia Veritas Ltd presenta:
RENÉ GUÉNON
INICIACIÓN
Y
REALIZACIÓN ESPIRITUAL

« Necedad e ignorancia pueden reunirse en suma bajo el nombre común de incomprensión »

La gente es como un "reservorio" desde el cual se puede disparar todo, lo mejor y lo peor

OMNIA VERITAS LTD PRESENTA:
RENÉ GUÉNON
INTRODUCCIÓN GENERAL
AL ESTUDIO DE
LAS DOCTRINAS HINDÚES

« Muchas dificultades se oponen, en Occidente, a un estudio serio y profundo de las doctrinas orientales »

... este último elemento que ninguna erudición jamás permitirá penetrar

www.omnia-veritas.com

www.ingramcontent.com/pod-product-compliance
Lightning Source LLC
Chambersburg PA
CBHW050835160426
43192CB00010B/2038